SHANDAA

IN MY LIFETIME

Told by Belle Herbert

Recorded and edited by Bill Pfisterer
with the assistance of Alice Moses

Transcribed and translated by Katherine Peter

Edited by Jane McGary

Drawings by Sandy Jamieson

Photographs by Rob Stapleton

SHANDAA

IN MY LIFETIME

First Printing, 1982	**500 copies**
Second Printing, 1982	**1,000 copies**
Third Printing, 1988	**1,000 copies**
Fourth Printing, 1992	**1,000 copies**
Fifth Printing, 2010	**750 copies**

Gwich'in Athabascan and English

ISBN
13-digit: 978-1-55500-108-7
10-digit: 1-55500-108-4

Preparation of this publication was supported by grants
from the National Endowment for the Humanities and Alaska Humanities
Forum and from the Alaska Historical Commission through the
Dinjii Zhuu Eenjit Museum of Fort Yukon,
and by the Alaska Native Language Center.
Photography was funded by the Rural Community Action Project.

The University of Alaska is an equal opportunity employer.

PREFACE

The Honorable Jay S. Hammond
Governor of Alaska

In the summer of 1980, I had the remarkable experience of visiting the village of Chalkyitsik, a small village nested on the banks of the Black River, a tributary of the mighty Yukon, about four dozen miles east of Fort Yukon. The village, lying just a few miles above the Arctic Circle, is not distinctively different from the hundred other villages one finds in rural Alaska.

In a cabin in the village, however, I talked with an occupant who can be described only as remarkably different indeed. Her name is Belle Herbert, and she has been an inhabitant of the territory, and later the state of Alaska, for much longer than anyone else can remember. That's because she is one of the oldest living citizens of Alaska, and possibly of America.

Village records are unclear about her birth. Estimates range from as early as 1854 to the 1870s—1861 being the most logical according to the State's Bureau of Vital Statistics. Mrs. Herbert, while unable to vouch for the accuracy of any birth date, does have clear memories, even to this day, of events which historically should have occurred between the 1860s and 1880s. For far too many of us, remembering our grocery lists of yesterday is a difficult chore. Remembering an event which occurred over a century ago is impossible indeed. Mrs. Herbert is worthy of honor and interest for other reasons than the secrets of a remarkably long life.

In Alaska's context, she was born nearly at the dawn of white exploration of Interior Alaska. Given that Fort Yukon was first established by the Hudson's Bay Company in 1847 as its first outpost in northern Russian Alaska, it is safe to assume that Mrs. Herbert probably witnessed the coming of the first whites to her area. She would have been a young girl when Alaska was purchased by a Secretary of State by the name of William Seward, from Mother Russia. She would have been a young woman when gold was first discovered in Southeast Alaska near Sitka in 1872, and a maturing lady by the time gold was found at Bonanza Creek in the nearby Yukon, and in Nome in 1898.

She has lived through most of the state's recorded history. Most importantly, she has experienced the history of this state which often has not been recorded, the daily struggle to survive in a beautiful but harsh environment, where hard work was not an ethic but a necessity in order to eat, stay warm, and live through the long winters in order to enjoy the rebirth of the short summer.

Other societies, such as the Chinese, honor their elders and treat them as national treasures because of the wisdom they possess and the lessons they can impart. Alaskans, like most Americans, frequently fail to be fully cognizant of our past—often condemning ourselves to relive the errors of our past. Belle Herbert is a remarkably lucid, engaging woman who offers us all a vision of life in the rugged far north. We would all do well to acquaint ourselves with her memories, because her knowledge, once imparted, can live forever. Once she is gone, however, her memories of life in a virgin wilderness, in a land still largely unseen by man, unfortunately will also be gone forever.

She may truly be the last of a vanishing breed, a true Alaskan.

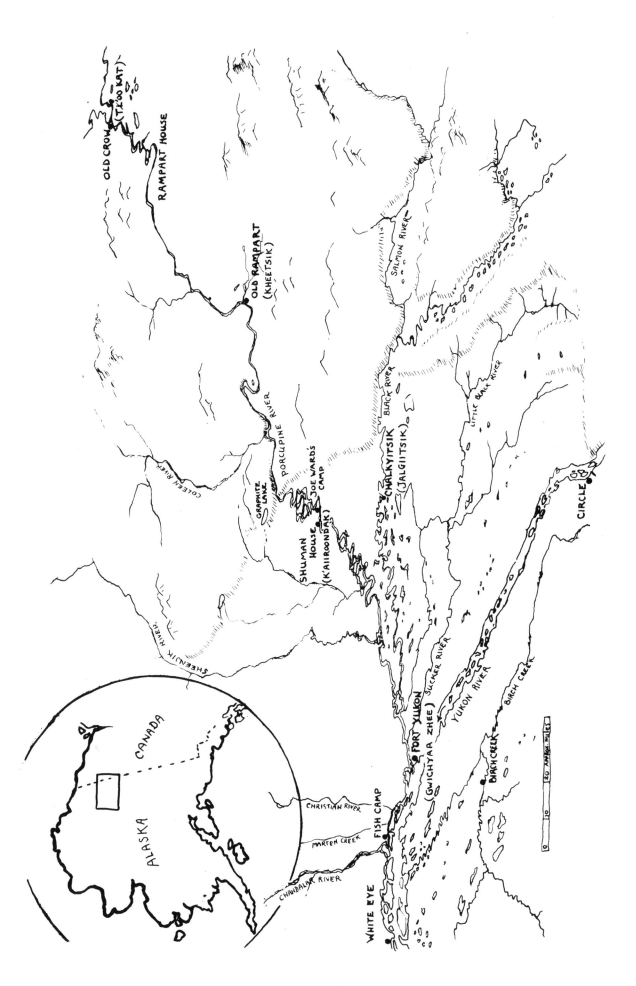

4

INTRODUCTION

Belle Herbert is a Gwich'in Athabaskan woman who lives in the village of Chalkyitsik, Alaska, on the Black River. She has lived in this region all her very long life. According to conflicting birth records, she is between 105 and 127 years old. Her son died in 1964 at the age of 68; so Belle may well have seen more than 120 springtimes. (Out of respect, people's Gwich'in names are rarely used in public context. People in the Yukon Flats refer to her as Belle, so that is how we will refer to her in this book.)

I lived in Fort Yukon for some years and often heard people mention Belle and her stories. In the fall of 1979, the Alaska Humanities Forum provided us with money to do a series of recordings with Belle telling her life story. I made several trips to Chalkyitsik to talk with her; the accounts in this book have been transcribed from the recordings of those meetings.

It has taken a number of people working on different segments of the project to produce this book. Alice Moses of Chalkyitsik acted as interpreter for Belle and me when the recordings were being made; it is she whom Belle addresses as "my grandchild" in the stories. Katherine Peter transcribed the Gwich'in texts from the tape recordings and translated the material. She also provided expert knowledge of the areas and events that Belle told about. Virginia Alexander of the Dinjii Zhuu Enjit Museum of Fort Yukon sponsored the project for Humanities Forum funding of the initial fieldwork. Mrs. Alexander has also been extremely helpful in providing historical background for the notes to each text. The Alaska Historical Commission provided funds for work on the text and the illustrations. Alaska Rural Community Action Project provided support for photographer Rob Stapleton. Air North contributed transportation to and from Chalkyitsik. The City of Fort Yukon provided additional support for the project. The Alaska Native Language Center contributed the editing, typesetting, and printing funds.

The accounts appear here with a minimum of editing, in the order Belle told them. The text is set up with the idea that there is more to telling a story than just the words and sentences. For instance, the places where a storyteller pauses while speaking are important in adding meaning and feeling. They set the pace of the story. The stories, in either language, should be read aloud. The reader should pause at the end of each line briefly, as if for a breath; when there is a wider break between lines, the pause should be longer. (In order to match the English and Gwich'in "paragraphs" it has been necessary to vary the width of some of these breaks; when there is a difference between the width of a break in the Gwich'in and the English, the shorter break is the correct one.) When one reads the text in this manner, one should be able to give the impression of a storyteller rather than a writer.

Technical Note

The Gwich'in and English "paragraphs" or "stanzas" are arranged parallel to each other. We have made an effort to have the English reflect the pause structure, phrase length, and grammar as well as the meaning of the Gwich'in original. The English version was written by Katherine Peter and Bill Pfisterer and rewritten by Jane McGary. Because word order in

Athabaskan is different from word order in English sentences, facing lines do not always correspond in meaning, though they often do.

Gwich'in storytellers use many special words, such as *ree, zhyaa, gwizhrii, łii,* and *roo,* to express such things as the teller's attitude or her desire to call the listener's attention to something. English uses word order and stress (and punctuation in writing) to do these things, so these Gwich'in words do not always have word equivalents in the English translation.

Katherine Peter transcribed Belle's words just as she heard them. Like anyone speaking informally, Belle sometimes varied in her pronunciation of common words which may be said any of several ways in her language. The text reflects this; there are variant spellings of some frequently occurring words. This variation usually involves nasalization of vowels.

As anyone who speaks or studies Gwich'in knows, it is a tone language; that is, the pitch of the voice on certain syllables affects their meaning. Because the Gwich'in spelling system was designed for speakers of the language to use, and it was felt that speakers could automatically supply the correct tones as they read, this practical spelling system now in use does not show the tones with special marks (as is done in many Athabaskan tone languages). Anyone who does not speak Gwich'in, therefore, will have to refer to tape recordings of these texts before using them for studying the language. We regret that there were not sufficient funds and personnel to provide for tone analysis on the texts.

—Bill Pfisterer

CONTENTS

1 A Moose Hunt

Belle tells of a moose hunt she went on with her husband, Joe Herbert, when they were living at Shuman House. Joe Ward's place was about one mile upstream from Shuman House. Ellen was Ward's Athabaskan wife. Joe Ward, who came from England, arrived in the Porcupine country in 1911 and remained in Alaska until he died in the 1970s, aged over ninety.

"Chan hee dzat dinjik inchį' łii. Aaa! Yaa chan dinjik
inchį'
łii," vaihnyaa.

Googaa ree
łąą ree veechii t'iihnyaa kwaa
    k'it t'inchy'aa.

Yeendaa ahaa gaa khan yeetthan haazhii.

Yeekit van vee
tr'ał dok
dha'ąįį aii chan
nan ghoo ree
nan ghoo dha'ąįį kak dąąhdii.

Akwat dzaa gwa'an tr'ał tsal t'inchy'aa.

Aii dzat k'ii'an dzat shatth'an kak dhiidii
    ts'a ree
noiidii.

"Again a moose has slept here, it seems.
    Ah! a moose
slept right here,
it seems," I said to him.

But even so
he didn't seem to listen to me.

As he was walking ahead, all of a sudden
    he went down.

Down by the lakeshore
a clump of willows
stood, and also
a mound of earth,
and on the mound he sat down.

Now there were little willows around there.

Where the willows ran out a ways, I
    crouched and
I sat down.

Aii k'aii tsal
yaagha'
khedi'
chųų kak t'inchy'aa. Aii kak dinjik ji' choo
viki' googaa igweech'in kwaa.

Aiits'a'
zhat khik nagaazhrii ts'a'
dinjik ki' akhagoonyaa t'iginchy'aa nihthan
   roo.

Akwat ts'a' ree
googaa vadraii gihihkhii kwaa.

Yi'eedok hee gwiizhik gwaah'in.

Akwat ts'a'
ree
gohch'it it'ee łyaa ninghuk t'inchy'aa
yaaghat gohch'it ree niyiił'in.

Jyaa ts'a' shąąhjik
akwat ree zhat ree gwats'a' tth'eehaatthaii
   aiits'a' jyaa dahaazhik.

By the little willows
there
a little grass
was on the water. Atop that was a big
   moose horn,
but its head wasn't showing.

Well,
they always hunted around there and
I thought they had left the moose horn.

But
even so I didn't say anything to him.

He was just looking around up that way.

So then
you know
finally after a long time,
he finally saw that thing.

He touched me like this
and did like this, pointing his finger at it.

Aaa' ts'a' narol'in.

Aiits'a' gohch'it dee jyaa ch'iji' choo
   jyaa dahaazhik.

Aaa'
ju' ju' jeiinchy'aa.

Aiits'a' oondaa hiil'yuu ts'a'
viki' khaiin'ee.

Akwat ree
chan neenjik ch'ank'aa t'iizhik.

It'ee jyaa dahaazhik it'ee chųų t'ee.

Akwat ts'a'
ninghuk ch'oołk'įį.

It'ee gwiizhik t'ee
oozhee nan kak gogwaa'ee
dzat gweendaa dink'ee niintin ts'a'
it'ee tseet'it neehiiljit
it'ee ts'eet'it ghat.

Yaagha' dinjik khadaghah'ee gwiizhik.

Aaa' jyaa diizhik ts'a'
"Yeezhee dink'ee jyaa dahthan?" vaihnyaa.

Akwat t'ee shik'eegwahthat.

Akwat t'ee łąą nagwarol'in
videeghan khąįį'ee
taahgoo k'it t'oonchy'aa
it'ee "Akoh!" vaihnyaa.

It'ee ree yaa chiltaa yet dinjik chųų...

Yee'ok gwats'a'
jyaa doonchy'aa
yee'at gwats'a' oodak gwiheechy'aa
gwats'a' ii'al.

Yeenjit dinjik diłk'ee nał'in dinchy'aa
oondit deenin kyaachaa.

"Yeendit k'iinin dinjik kyaachaa,"
   vaihnyaa.

It'ee chan ootthan tr'eetee
tr'ih ootthan eenin dhii'oo.

Aiits'a' t'ee oonin shineehilkwąįį.

Van kak niinghit.

Aiits'a' ree
yeendit ree oondee tr'ał eegoh'it jyaa
   dinchy'aa.

Ah, then we just waited.

And finally the big horns moved a little.

Ah,
now!, now! it made a move and stopped.

Then it stepped out and
stuck its head out.

Then
it slowly turned around again.

Then it started to move in the water.

Then
it listened for a long time.

Meanwhile,
kneeling on the ground up there,
he held his gun at his side and
reached in his pocket
for his tobacco.

That moose stood up in front of us!

Ah! when it did that,
"How come you put your gun down?"
   I said to him.

And then he listened to me.

Then we waited quite a while,
and when its shoulders were sticking up,
as if it were shallow water,
then "Now!" I told him.

Then he shot it, the moose, in the water...

We walked
a little bit
over that way
and came out where we could see better.

I had seen him shoot the moose, but then
   I saw it swimming across there.

"The moose is swimming across," I
   told him.

So we went down that way,
down to the canoe.

Then he paddled with me across the lake.

It was a long way across the lake.

And then there was the moose, hidden
   in the willows.

Aiits'a' it'ee ch'adąį' dilk'ee googaa ree.

Akwat ts'a' k'iindak
dzan troo gwachoo k'iindak
teegoo'ee k'iindak shahkwaa gwiizhik
khan hee jyaa diizhik
tr'ih ndaa ineech'iintthaii.

It'ee k'iindak tr'ineezhii gwiizhik
chan "Ooahk'ee," vaihnyaa ts'a' t'ee
    at'oohju' it'ee łyaa.

Aiits'a'
vineegoh'it tr'ih naahkhaa.

Aii yank'ah yadhaa daa'aa yatth'an aii
    khan dhit'uu.
Aii nakhwatr'ii
eeneedhii'oo izhik hee
izhik t'ee nidhiihaa.

Aaa! Izhik hee....

Akwat t'ee
nihkaa vanh it'ee tthak niyił'aa.

Aiits'a' oonii neeyaazhik gwiizhik ookit
drindigweedii izhik datthak shįį aii niihłii.

Akwat ts'a' t'ee
it'ee tthak t'iyinlik.

Akwat ts'a' chan oo'at teegohdįį chan izhik
    hee nineeshaachii ts'a'
it'ee oo'ee niyiilii ts'a'
akwat ts'a' chan yeetthan tł'eedik.

Eee! Gwintł'oo gwitr'it gwintsii
    gwadhaatsąįį.

Aiits'a'
khwąh chan iłtsąįį.

Izhik t'ee łyaa zhyaa dinęhdaa tr'igwindhat
    ts'a' t'iindhan łii ts'a'
Ellen zhat t'ee iłtin łii.

Akwat ree khwąh
iłtsąįį aii
yalat chan tr'ii inlii.

Aiits'a' aii
jidii shih aii zhyaa chųų ghai' hee zhyaa
    nirinlii.

It had already been shot.

And then right along where
a big muskrat channel extended, along it
he was paddling with me, and
while the moose was doing this
he pushed the canoe out.

Then as it started to walk that way
I said "Shoot it!" again and finally this
    time he really did it.

And then
he left the canoe behind.

He skinned half of it and cut the legs off.
We went back
to our canoe and
camped right there.

Ah! then....
Well,
the next morning he butchered it all.

And while he was making trips over
    and back,
I carried all the meat down the bank.

And finally
it was all done.

Then there was another portage; he took
    me over to it and
he carried it back over and
then took it down to the riverbank.

Oh! we worked really hard together.

And then
he made a raft.

Meanwhile Ellen and the others
were thinking we had been gone a long
    time.

And so then
he built the raft and on it
he put some of the meat and
put some in the canoe.

And also
we just left some of the meat on shore.

Aiitł'ęę nihts'ii neeniikwąįį.

Aiits'a' Joe Ward vehzhee hee
teedhiikwąįį.

Aaa! Ellen tr'ikhidhazhaa.

Ts'a' Joe Ward aii chan launch
zhit t'eenakhwaahnąįį ts'a' zhik shih tthak
haazhyaa.

It'ee kheegohojil łii
kheegohojil łii ts'a'
izhik hee Joe Ward shih ts'a' tr'ihchoo
gihiiłnąįį.

Akoo aiits'a'
it'ee
eee' shitseii!
chan
hee it'ee yeedak nan kak ts'ąįį hee chan
nahadhaazhrii.

Akwat ts'a'
izhik chan dinjik diłk'ee.

It'ee nan kak neehii'oo ts'a' ree
tsiik'it yeenjit gwiłtsąįį ts'a' ree
tthak gwizhit rinlii ts'a' t'ee
khaiits'a' tan tsal kak at'oohju' hee oodąą
nirinlii.

Aii t'ee yaagha' Henry chan aii zhat khik
diihaa t'inchy'aa roo khik.

Akwat it'ee jyaa dagwąhtsii ts'a'.

After that we paddled back down.

Then we landed
right at Joe Ward's place.

Ah! Ellen peeked at us over the bank.

And Joe Ward just threw us
in his launch with all the food.

It seems they had just come back,
they had just come back and
Joe Ward went up with his boat to get
the rest of the meat.

And so
then,
oh, grandchild!
once again
we started hunting in that country again.

And soon
he shot another moose there.

We were going around on foot and
he made a ground cache and
we put it all in there and then
in fall when it was starting to freeze, we
brought it back down.

At that time Henry always stayed with us.

That's all I'm going to say.

2 Life in the old days; skin tents and clothing

Belle mentions the skin tent (described more fully in text 13); it was made from a framework of bent willow or spruce poles rested against two parallel crossbeams that in turn rested on supports, making a dome-shaped frame. This was covered with a number of caribou skins sewn together. (See Robert McKennan, *The Chandalar Kutchin,* Arctic Institute of North America Technical Paper No. 17, 1965.) The method of cooking used in the old days is described more in text 24. Text 7 has a more detailed description of traditional clothing.

Akwat ts'a' chan gwintsal
deenaadąį' dinjii zhuu
ohotł'įį izhik gwik'it chan gwintsal.

Now I'll talk a little
about how the people in the old days
used to dress.

Eee
dinjii gwintł'oo gwitr'it t'agwah'in kwaa
   t'igwinyaa.

Oh,
men don't work very hard.

Dinjii zhuu!
Tr'injaa zhrii gwintł'oo gwitr'it t'agwah'in.

Men!
Only women work hard.

Akwat aii
niivyaa chan
yeedok haa'ee
aii k'it t'inchy'aa ten t'ee t'igilik
   t'agoorahnyaa.

Now on that
skin house frame
there were ridgepoles,
ten of them spaced around the bottom.

Nehdok
dachan ts'ik haa'ee.

Like those
roof poles up there.

Aiits'a'
ch'ihłak chan oodok
t'inchy'aa.

And
there was one more
up there.

Aiits'a' niivyaa choo chan
dazhoo nilįį t'arahnyaa aii niivyaa.

And that big skin tent
was covered with hides with the hair on.

Aii jyaa dagah'in izhik yeedąą ts'ąįį
jyaa dineegiyilik ts'a' vał kak.

They could fold the skin in half once
and carry it on the toboggan.

Aiits'a'
dachan
nihts'ii
oondaa viki' chan jeiinchy'aa oondaa
   vitł'i' chan jeiinchy'aa
dachan ji'
vaa
zhee goo'ąįį.

And then
there were logs
on each side
one at the head and one like this at the
   back,
and with
the logs
the house stood up.

Akwat ts'a'
aii tthak k'iindaa haa'ee ts'a'
tły'ah tsal haa dangiyahchaa.

Zhik k'iidak t'inchy'aa aii tthak chan
    niivyaa chan agahchaa.

It'ee niivyaa gwakak deegahchaa.

Aiits'a' oodok chan
jyaa doonchy'aa izhik oondaa gwaak'a'
nihts'ii dachan niriichik aii kak
    deełuuradhak
aii kiit'ik it'ee tr'igwiiłk'a' t'igwinyaa.

Aiits'a' oodok
haa'ee
tr'ahtsii aii
ch'iitsii ts'ik chan dee deegwits'iichy'aa li'.

Dzaa chan dachan
dachan zhrah
jał aii tły'aa giyiłchaa oodee
aii haa tyąh
veedzaarii'ak ts'a' oozhee gwaak'a'
gwakak ree.

And then
all the poles extended to that point
and were tied together with a little rope.

And the skin was tied to that also.

They tied the skin over the frame.

And out in the middle
right in front of you was a fireplace,
two poles on each side with dirt piled
    in between,
and we built the fire on top of that.

And above the fireplace,
where
we made it, there
was a narrow iron pole—I wonder where
    it came from?

To this,
a wooden hook,
a hook was tied with rope up there,
and on that
we hung a pot, right above
the fireplace.

16

Akwat
aii tr'injaa nąįį chan
dazhoo thal chan zhit gaa'yuu.

Dazhoo ik chan nagaatsuu.
Akwat dazhoo
dzirh
vidi' neehotthak chan
zhit giiljik.

. . . .

Tr'ookit vaɬ ch'agahchaa.

Tr'iinin nąįį neegitł'uk tł'ee vaɬ ch'agahchaa
    ts'a'
tr'iinin natsal nąįį
aii vaɬ kak.

Akwat tr'iinin shriit'ąhtsii nąįį oondaa
    gahadal.

Akwat zhik
tr'injaa nąįį
gwach'aa
zhik t'inchy'aa kwaii haa tthak
dachan kwaii haa
tthak vaɬ gahchaa.

Then
the women
wore fur pants, too.

They wore fur parkas too.

And fur
mittens
with fringes around the top,
they wore also.

. . . .

First they tied their stuff to the sled.

They dressed the children and after they
    tied the stuff on the sled,
the little kids sat on the sled load.

And the bigger kids walked ahead.

And then
the women
took their belongings,
everything they had,
even the tent poles,
and tied it on the toboggan.

17

Geetee łąįį neekwąįį geetee łąįį tik,
geetee łąįį neekwąįį geetee łąįį tik.

Aii t'ee dachaaval eenjit t'agąąhchy'aa t'ee
aii googaa ndaa googąąhjik.

K'iighai'
ch'igeelil.

Akwat t'ee
oondaa niginjik.

Dinjii
vanh dąį' tǫǫ hee dinjii hadal.

Duuyee tr'injaa ts'a' tr'iginjii.

Tr'iinin geetak hee aghwaa googaa
akwat ts'a' oondaa niginjik.

Aii khazhaagighit.

Khazhaagighit
niivyaa chanh gwa'an giitthaii ts'a'
it'ee niivyaa jyaa digilik.

Aiits'a' yee'at ditły'aa ch'agahval ts'a'
oondaa
kik dachan t'inchy'aa aii
oo'ok hąąghǫǫ vaghat kak luu
aii keegii'in aii gwideetak t'igilik.

Akwat ts'a' gogwaahk'ik gwatsal gwiizhik
    it'ee tr'iinin nąįį
gwach'aa tł'ik haa nihdeegahahdal.

It'ee
chan
yee'at traa chan oodok khagikyaa oonaa
    neegaazhik
tr'iinin aghwaa ji' googaa.

Akwat ts'a' aii...jyaa dąhjyaa ts'a'
    giik'eech'iikyaa.

Aii yeendaa
aii t'ee gaahk'ik jyaa t'inchy'aa
gahtsik.

Aii gwiizhik t'ee nihdeegadal.

Chan hee dinjii geegoolii khat chan
chan hee yeendaa deetyąą ga'ąįį.

Akwat ts'a' shih....

Akwat ts'a' lidii chan lee haagwiindaii.

Sometimes there were two dogs, sometimes
    three,
sometimes two dogs, sometimes three.
Even though they had dogs to pull,
they still had to push the sled too.
And that's how
they traveled with sleds.
And so
they got to their campsite.
The men
left in the morning while it was still dark.
They never helped the women.
Even if they were packing babies,
the women would set up the tent.
They dug the snow out.
They dug the snow out,
set up the circle of tent poles, and
put the skin covering on it.
After that they strung the ropes and
went out,
looking for a fallen tree
with dirt on the stump;
they used the dirt to make the fireplace.
Then after they got a little fire going,
    the children
brought in old clothes to spread around
    the fire.
Then
again
they went out and chopped wood and
    packed it in,
even if they were packing babies.
They chopped it about this long.

And then
they made a fire with it,
that's how they did it.
Then they all came in.
They expected the men soon,
so they put food in the pot on the fire.
Then food....
Then we didn't even know about tea.

18

Akwat ts'a' ree
dinjii ineedal
geedąhzhrii
jyaa doonchy'aa ts'a'
gwiin'e' t'aragwahnyaa.

Aaa!
łyaa gwintł'oo tr'injaa nąįį
    eets'agwagwadąąhjik t'agoorahnyaa.

Geetak hee ch'araahk'ee łii hee
it'ee ree neekhwaaraadaa gwinyaa haa
    tr'iinin nąįį nihdeezhahkaa.

Akwat geetak hee ch'agaahkhwąįį kwaa.

Jyaa digii'in aii shih keegii'in gook'įį zhyaa
tr'injaa nąįį khats'ahgwaajik t'igwinyaa.

Gwintł'oo zhyaa neeshreegwaahchy'aa.

Duuyee dohshroo tsal gwits'eech'in
dazhoo zhrii.

Akwat jyaa doonchy'aa ts'a'
gwintł'oo
neeshreegwaahchy'aa gwin'e' t'igwinyaa.

And then
the men came,
only then,
that's the way
things used to be.

Ah!
They really made the women suffer back
    then.

Sometimes they might kill something and
when they came back with packs, the kids
    ran in noisily.

Sometimes they didn't kill anything.

That's how they occupied themselves,
    hunting for food,
while the women did all the camp work.

We were really poor.

There wasn't a scrap of cloth around,
only fur.

And that's how it was,
really,
we were poor in those days.

3 Life in the old days; hunting

Belle talks about food in the old days, before trade goods arrived; the kinds of arrowheads that were used (discussed more in text 15); and the use of the deadfall trap. She mentions several gold strikes, which can be dated as follows: Dawson, 1897; Circle, 1893; Tanana, 1902; and Talkeetna, 1906. The bows people used in the old days were longbows, made of birch, with strings of twisted sinew. The wide-headed arrows were originally tipped with stone, but in Belle's day probably with iron acquired through trade. The bone-headed arrows she describes had two parallel points. The deadfall Belle mentions is apparently the kind used for small game, in which a single log was placed to fall on the animal which took the bait; there was another kind used for large animals, in which a whole platform of logs fell on the animal.

Alice: Jidii lidii eenjit t'eegaahchy'aa
shih chų' dohłii?

Alice: What did they use for tea?

Shih tsal ga'aa
aiits'a'
giichų' zhrii.

Jidii geeghaii
giheenjyaa goo'
łi'haa neeshreegwaahchy'aa gwin'e'
t'igwinyaa.

Vaanoodlit chan haagwiindaii kwaa roo.

Shįį googaa vaanoodlit dzat gwee'an
tthak goodlit t'oonchy'aa.

Yeenjit Old Rampart garahnyaa izhik
gwizhrii chan Ginkhii
Khehkwaii haa indi'
gwinyaa gwizhrii tr'igwiitth'ak.

Akwat ts'a'
ninghit gwa'an
yeenji' Dawson kwat chan gwats'at
tr'ideegwaatth'at t'oonchy'aa.

Yee'at gidinjii inlii Tanan
aii chan shandaa.

Vijuu gwanaa hee
aii t'ee nagwaatth'at t'oonchy'aa.

Yeedi'
Tanana laraa agwarąh'ąįį gwinyaa t'ee
khąįįkǫǫ
aii t'ee Talkeetna gagahnyaa izhik
izhik chan t'ee shandaa.

They ate a little meat
and then
just drank the broth.

What else
could they drink, when
people were so poor in those days?

We didn't even know about white men.

I myself saw when the first white men
came around here.

Up there where they call Old Rampart,
there was only a priest,
and a chief stayed there,
that's all we heard.

And
far away,
we heard there was a settlement at
Dawson.

And Tanan (Fairbanks) where all the people
go,
it came into existence in my lifetime.

It was not too long ago
that it was established.

And when
they struck gold down in Tanana, that
was the last (gold strike),
I think they call it Talkeetna,
that too happened in my lifetime.

Dawson
Circle haa ch'aragwąh'ąįį aii tł'ee hee
yeedit chan ch'aragwąh'ąįį t'igwinyaa.

Akwat aii Dawson
ch'aragwąh'ąįį gwats'an it'ee
izhik gwats'an at'oohju' hee vaanoodlit
tr'ąąh'in t'oonchy'aa.

Akwat ts'at
yeenjik Circle ch'aragwąh'ąįį gwats'an it'ee
    steamboat goodlit.

At'oohju' hee vaanoodlit nąįį gwanlįį
    tr'agwąąh'in gǫǫ kwaa tr'agwaah'in.

Ninghuk kwaa gwanaa vijuu gwanaa
    gwats'an t'ee store nigwiinjil gǫǫ.

Aii gwats'a' geetak vaanoodlit
tr'ąąh'in.

Yeedit
...ch'aragwąh'ąįį gwats'an izhik it'ee
    gwats'an łi'haa vaanoodlit nąįį goodlit
    t'oonchy'aa.

Akwat łi'haa
łi'haa neeshreegwaahchy'aa.

Tr'agwandaii akhai'
nehduk hee diilak nąįį diik'ąąhtii geh'an
    ...diihaa goodlii t'oonchy'aa.

Akwat łi'haa
łi'haa neeshreegwaahchy'aa t'oonchy'aa.

Alice: Aii k'eejit dąį'
deenaadąį'
geegwandak aii
nats'ahts'a' nin tsal kwaii gaghan.

K'i' haa zhree
aii k'i' haa t'ee dinjik googaa tr'aghan gǫǫ.

Aaa! shitseii aii k'i'
vitsįį shrii
chyaa gwich'in vitsįį dhidlii t'arahnyaa.

Aii t'ee dinjii nint'aii aii ree yigee hee
jyaa diyilik.

In Dawson
and in Circle they struck gold, and after
    that,
they struck gold down river there.

And the Dawson
gold strike, from that time on
we began to see
white men.

And after
they struck gold in Circle, the steamboat
    started.

From that time on, we saw a lot of
    white men, though we didn't see them
    all the time.

It hasn't been too long that they've had
    stores around here.

But we sometimes saw
white men before that time.

When they struck gold downriver,
that was when the white men started
    coming around.

At that time,
we were really poor.

But we survived out here,
our families would take care of us,
    so we had things.

But we were really
very poor then.

Alice: You were just talking
about the old days;
tell us how
they killed small game then.

With arrows,
we even killed moose with arrows.

Oh, grandchild! those arrows
had sharp heads
as wide as knives.

And a strong man would hit it
right under the foreleg.

Akwat ts'a' zhik gwa'an geh
eenjit chan tał
tth'an tał tr'ahtsii t'igwinyaa.

Akwat
shin hee chan
k'i'
jidii k'i'
tth'an ts'ik
tth'an ts'ik
gaghan aii
jyaa geetak hee t'inchy'aa.

Nihghǫǫ kho'ee ts'a' k'i' tsįį dhidlii.

Aii t'ee dats'an eenjit ree
dats'an needaa googaa nanrahdak gwinyaa
gwąąh'in?

Izhik gwanaa t'ee gwandaa ts'a'
gwinzįį juk zhyaa dink'ee k'i' haa zhyaa
t'igwii'in t'oonchy'aa roo.

Aii k'i'
vitsįį shrii choo
shrii jyaa dąhjyaa ree chy'aa
aii
vatł'ąįį gwanlįį t'ee.

Aii haa
dinjik gaahkhwąįį.

And also, for rabbits,
they made
small bone arrowheads.

Then
in the summer
the arrows,
there were arrows
with narrow,
narrow bone heads,
they made those
that way sometimes.

They put them side by side at the tip
of the arrow.

They used that for ducks;
you know they even shot down flying
ducks?

In those days that was very well,
but now we just use shells.

Those arrowheads
that were like knives,
they were as big as knives and
they
were saw-toothed on the edge.

With those
they killed moose.

Akwat ts'a'
khyąh haa
googaa chan
dachan khyąą
dachan khyąą
aii chan dinjii
t'ąąhchy'aa t'oonchy'aa.

Dachan khyąą tr'ichik
aii ree
dachan neekwąįį nihgharoiitthak
dachan neekwąįį nihgharoiitthak
dachan deetak t'arah'in.

Akwat ts'a' k'ii'ee
dachan choo jyaa darah'in vakak deereedii.

Aii vakak dak giyuun'ee
gweenji' dachan jeiinchy'aa kak
zhik k'ii'an t'inchy'aa goon'ee
oonji'
nin ghat oonjit
shih tsal gąąhtsit
aii oonjii akhai' ree vak'aa gwadąąhthak.

Jyaa dii'in aii k'iighai'
nin tsal kwat goonili' t'agoorahnyaa.

At that time
there were no traps;
but there were
wooden traps,
deadfalls,
that people
used to use.

They set wooden traps:
for them
they put two logs side by side,
they put two logs side by side,
and put the bait way back in.

Then they set another stick
upon it, pointing off this way.

There were sticks extending up and down
   on it,
and a stick going this way,
and on the stick that was above,
up there
when the animal went in
and grabbed the bait,
the whole thing fell right on the animal.

And that is how
they used to trap small game.

24

Shitseii łi'haa yeenaa
gogwąąhtł'oo gwin'e'
gaa nihk'it t'igwiichy'aa ts'a'
juk gweendaa zhyaa dinjii ts'igwii'ee
   k'it'oonchy'aa
t'oonchy'aa nahąą.

Gwintł'oo
tr'ookit
gwintł'oo tr'ookit
vaanoodlit
danaa giinghaa
gwat'arahaahchy'aa gwizhrįį gwigweech'in
   gwizhrįį.

Ts'a' k'eiich'ii khan goodlit kwaa
   t'oonchy'aa.

Akwat tth'aii hee
diinlat nąįį akoodiheechy'aa gaa
tr'ikhit laraa diits'a' t'arah'in roo.

Aaha' akoh shitseii.

My grandchild, long ago
they were really strong working that way,
that's how it was, but
nowadays people are not so strong,
you see.

Really,
at first,
at the very first
when the white men
came to us,
it looked like we would need help from
   them.

And things didn't start coming quickly.

Some of us would still
be living in poverty today, but
people keep sending us money!

Yes, that's enough, my grandchild.

4 Traveling as a child

Asked to talk about her childhood, Belle tells about a difficult journey their fatherless family made when Belle's mother was suffering from a serious eye problem. Belle may have been eleven or twelve at the time. She guided her mother by holding one end of her mother's cane, and steadied the dog-drawn toboggan with her other hand. After spending the summer fishing with relatives, the family went to Fort Yukon, where they spent the winter and helped nurse the famous Ch'eeghwałti' during his final days. Ch'eeghwałti', who has become well known in Gwich'in oral tradition, came from Canada. His son Roderick brought him to Fort Yukon on a hunting trip. The old man's illness prevented them from returning to Canada, where the women of his own family could have nursed him. People at Fort Yukon remember that he died before 1900, but because pre-1900 church records are not available, we have not been able to date his death precisely. Roderick had three daughters; his grandson Richard that Belle mentions is Richard Martin. The son of Ch'aadzahti' mentioned is Gabriel John, who died in 1960; we have not been able to find out the exact date of Ch'aadzahti''s death. The earliest gold strikes in the Circle area were in 1893.

Alice: Ch'adąi' gwanaa
ohtsal hee nahan vaa dook'įį dąi' chan
   geegwandak nahnyaa.

Alice: He says to tell
about the old times when you were small,
   living with your mother.

Akwat
chan ni'ęę
ni'ęę dik'idanąhjik ts'a' gwitr'it gwatsal
tr'igwii'įį dąi'
gwatsal.

Well,
my mother
my mother raised us and we had little
chores to do,
just a little.

Nakhwaa vindee kwaa nagwaanaii izhik
   geevaagwahaldak.

I'll tell you about when my mother
   became blind.

Akwat
shitseii
ni'ęę
zhrii diik'ąąhtii.

Well,
grandchild,
only my mother
was taking care of us.

Shachaa
dǫǫ nąįį
shįį nąįį haa
ni'ęę chan
shoondee sheejii haa
oo'ok t'iginchy'aa.

I had four
younger brothers
and myself,
and my mother;
My older brother and older sister
were living out somewhere else.

Aii gwiizhik t'ee
ni'ęę vindee gwiłts'ik nagwaanąįį.

And at that time
my mother's eyes were sore.

Akwat googaa t'ee
yeendit
Gwichy'aa Zhee k'iinin tr'ahaandii.

Even so,
we went across
that way, out from Fort Yukon.

Aiits'a' oondit ddhah
aii yeenjit Circle
k'iinji' nahąą.

Izhik k'iinji' khaii tthak
it'ee Circle
ch'aragwąh'ąįį
izhik
tr'ookit kwaiik'it nagwahaatth'aa izhik
izhik gwiizhik.

Aiits'a' izhik k'iinji' ts'a' yaagha'
Hot Spring
izhik
k'eeriidal.

Akwat ts'a' yeenjit Circle gehnjit hee
izhik hee gwigwigwiiłkįį t'agoorahnyaa
izhik deetthan hee.

Eee!
aii ree
tr'iinin tik
tr'iinin dǫǫ nąįį
k'aałtii gwiizhik ni'ęę chan vak'aałtii.

Łąįį neekwąįį zhrii tr'ii'įį.

Now you know the mountains
that extend over toward
Circle.

Up that way, all winter...
that's when
they struck gold at Circle,
then
a village first started there,
at that time.

Anyway, right up that way
to the Hot Spring
there
we came.

And down that way toward Circle
people said they were staking claims
up above there.

Oh!
there were
three kids—
four kids—
I was taking care of, and I was taking
  care of my mother too.

We only had two dogs.

28

Akwat izhik
gał vantł'ał'ee gwiizhik dachąąval chan
    ishriidhałjik.

Akwat ts'a'
it'ee oonjit kiriinjil gwats'an it'ee
yeenii chan sheejii nąįį neegeedaa gwinyaa
    izhik ts'ąįį chan hoiizhii.

Izhik t'ee sheejii nąįį teegohojil izhik
    gavaa teedhiishizhii.

. . . .

Izhik gwats'an ni'ęę vindee gwinghyaa ts'a'
    gwintsal
veenjit gwinzįį.

Akwat shitseii
izhik dąį'
nachoaahąįį.

Datthak gwak'at tąąhąįį
ts'ivii choo googaa.

Khaiinjii ehdak tr'iteedąąhnąįį t'igwinyaa.

Tr'ihchoo neekwąįį zhrii
aii vizhit tr'adąągwat.

Akwat izhik
gwiizhik hee neegwigwilii.

It'ee nihts'ineeriijil.

Izhik it'ee
yaaghat t'ee
Circle hee
ni'ęę
shee'ii William Pilot vitr'injaa
aii
łuk t'aa'in izhik niinzhii ts'a' izhik hee
    tseerąązhii.

Akwat ts'a'
łuk
dizhiijyaa aii nih'an goonjii ts'a'
gwintsal łuk shriit'agwąhtsii goonjik.

Aii shin tthak ree.

Akwat ts'a' khaiits'a'
tǫǫ nagwaatth'at.

Tǫǫ neegwaatth'ak it'ee teenizhrii heedaa
    nigwiindhat
ni'ęę k'ii tr'ihchoo zhrii di'įį.

Then
I held onto my mother's stick with one
    hand, and the toboggan
with the other hand.

And then
we got up to the river, and when
we got to the Yukon, we heard my older
    sister's family were coming down.

So I went to meet them and came down
    with them.

From then on, it was warmer and
my mother's eyes
got a little better.

Well, grandchild,
at that time
it flooded.

It flooded all over,
even over the big spruce trees.

Almost everything was under water.

There were only two boats,
and we were all crowded in there.

So then
we took our stuff across.

We took off downriver.

Then
there
near Circle
my mother
stayed with my uncle William Pilot's wife,
working on fish there,
and we stayed around there.

After that
they divided up the fish
they had caught and
they had caught quite a few fish.

We did that all that summer.

Then fall came
and it got dark.

It was getting dark but the ice had not
    started to run yet,
and my mother had only a birchbark canoe.

29

Aiits'a' t'ee yaagha'
Charlie Johnson vanandaii
aii viti'. . .tr'injaa noonjik aii.

Aii t'ee
oonii
neegeedaa łii
va'at tth'aii gwandaii hee.

Akwat ts'a' yaaghat Gwichyaa Zhee gehjit
Seventeen Mile gwinyaa gwiintth'ak
izhik t'ee teeraajil.

Nizhrii daahgwat nigweedhaa.

Akwat ts'a'
ni'ęę k'ii tr'ihchoo di'įį.

Aiits'a'
izhik aii shitii
tsiik'it gwiłtsąįį.

Aiits'a' aii łuk tsal t'eedaraa'in
diik'eiich'i'
tsal kwaii haa tthak
jyaa dirinlik.

Aiits'a' t'ee nihts'ineetr'ihchoorąąhłit.

It'ee Gwichyaa Zhee gwats'a' chan tǫǫ
nagwaanąįį.

Googaa Gwichyaa Zhee
gwats'a' ts'ąįį
ts'ąįį tr'ihchoo tr'ahahłaa
aii shitii tr'ihchoo tsal di'įį
aii ree.

Tǫǫ hee t'ee Gwichyaa Zhee
aiits'a' shoondee
aii dachan tły'ah ninjyaa ts'įį
dachan giriłchaa oondak teerąąghoo gaa
yaaghat gwandak hee t'igwii'in.

Gohch'it dee tły'aa goonjik.

Izhik
izhik gwiizhik t'ee yeenjik
Ch'eeghwałti' gwinyaa gwiintth'ak.

Aii dyąąhch'i' t'ee dzaa teeriłchįį łii t'ee.

And you remember that
Charlie Johnson?—
His father remarried then.

And then
those people were coming down
so it seems,
while his wife was still living.

Well then, east of Fort Yukon,
at Seventeen Mile—you heard of it—
we stopped there.

Slush was beginning to come down
the river.

Well,
my mother had a birchbark canoe.

So
right there my uncle
made an underground cache.

And we took the fish and our other
little stuff,
and put all of it
in there.

And then we took off on the river with
boats.

Before we got to Fort Yukon it got dark.

Even so, we went to the Fort Yukon
side,
following the bank with the boat;
my uncle had a little boat,
you see.

In the darkness we got to Fort Yukon,
and my older brother
took a long rope and
tied it to a stick and threw it to the bank,
but he didn't hit the bank with it.

Finally they got hold of the rope.

Now,
along about that time it happened—
you've heard of Ch'eeghwałti'.

It seems they had brought the old man
down.

Gwintł'oo nan kak
dazhan ghat
gwintsii veegwaa'ąįį chy'aa gwintł'oo
   tr'iijii yak'aahtii t'arahnyaa.

Aiits'a' ni'ęę chan ree zhyaa yak'ąąhtii.

Aii t'ee ree oodit
Roderick gwinyaa gwiintth'ak.

Yaaghat t'ee
Richard
gooti'
aii vahan viti' t'ee Roderick oozhii.

Aii
dzat teeriłchįį
izhik khaii t'ee niindhat.

Izhik khaii chan
yaa Gabriel dzaa gwa'an gwinch'i'.

Aii viti' tr'iiłk'ee gwinyaa izhik khaii chan
   t'ee viti' tr'iiłk'ee t'arahnyaa.

Izhik
izhik gwiizhik
tł'ęę hee khaii gwiindhat.

Dąįį neegwilgǫ'
June
nan gwandaa t'ee tr'injaa dhiidlit roo.

Akwat ts'a' aii
gwintł'oo ni'ęę vindee
   neeshreegwaahchy'aa.

Akwat ts'a' oodi'
teetsii k'iidi'
shaaghan
oodįį zhat
khadhizhii.

Aii t'ee
yindee
shrigwilii haa gohch'it zhyaa nizįį yiłtsąįį
   k'it t'inchy'aa. Geh'an
ch'anjaa nilįį ts'a' gwinzįį vaagweech'in roo.

Eee!
it'ee shitseii.

He was very well known
as a medicine man,
and there was no one to take care of him.

So my mother took care of him.
And also,
have you heard of Roderick?

Now that
Richard,
their father,
his mother's father was called Roderick.

Well,
they brought him (Ch'eeghwałti') down,
and he died that winter.

That same winter
that Gabriel used to live around here.

Somebody shot his father, we heard;
   that winter somebody shot his father.

Then
after a while,
that winter passed.

The spring thaw came,
and in June
I became a woman.

Now then
my mother's eyes were really bad.

And so then
from far downriver
the old woman
came
up the river.

And she
fixed her eyes
and finally it seemed she had made them
   well. That's why
even when she was old, she could still
   see good.

Oh!
that's enough now, grandchild.

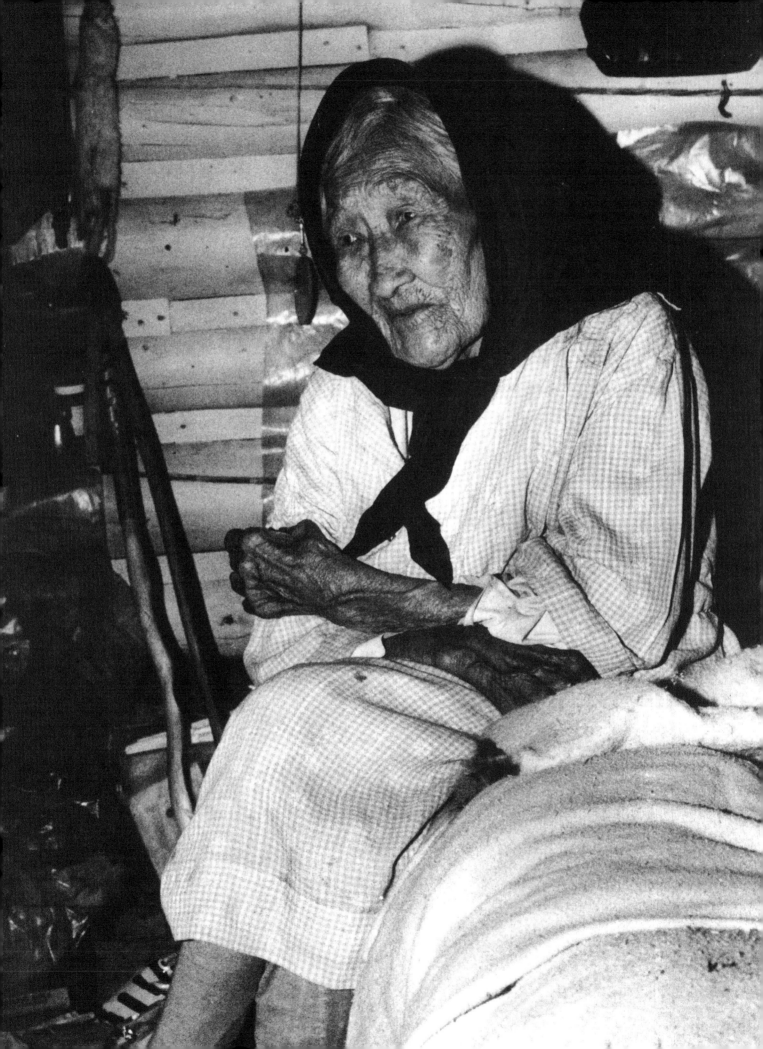

5 Traveling in the Porcupine Country

The events in this account must have taken place during Belle's early married years. She describes a series of places she and her husband and his relatives lived: from Fort Yukon they went to the headwaters of the Black River, where they hunted for the winter. Then they came downriver, perhaps all the way to Fort Yukon, where they found an epidemic raging. This may have been the diphtheria epidemic that carried off a great number of the children of that area just after 1900. They moved to Old Rampart and stayed for a long time then moved first to John Herbert's place on the Porcupine above Shuman House, and then to Graphite. They lived off and on at Shuman House, then moved to Chalkyitsik, where Joe Herbert became a leader in the effort to establish a permanent village with a school and church. Most Interior Alaska villages of today became permanent population centers when people settled there to take advantage of schools, churches, and trading posts.

Alice: Intsal gwanaa din'inghit geegwandak izhik tth'aii hee geegwandak nagoonyaa.

Akwat izhik łyaa ganaldaii kwaa.

Chiitee ihłįį
hee łyaa neeshraałchy'aa dąį'
aii gwizhrii.

Akwat ts'a'
aii googaa
tthak gineedhaldee k'it t'ishizhik. Ts'a'
akwat łyaa zhyaa k'eejit ihłįį geegwaldak
t'iihnyaa roo.

Ch'anjaa ihłįį izhik geegwaldak t'iihnyaa
kwaa
juk khaii.

It'ee łyaa tr'iinin
k'it sheegoo'ąįį juk t'ee geegwahaldak
t'oonchy'aa.

Datthak k'eejit ihłįį
łyaa zhyaa k'eejit
ihłįį
hee zhyaa at'oohju'
niidhat gwanaa geegwaldak t'iihnyaa.

Akwat t'ee gwandak
tik t'ee eegwahaldak ree.

Alice: They want you to talk some more about when you were growing up.

That I don't remember.

When I was an orphan,
I was really poor,
that's all.

Now
all of that just
seems like I've forgotten. So
I'm telling now about when I was
really young.

I wasn't telling about when I was old
this winter.

I was like a kid,
that's what I'm going to tell about now.

All the time I was young,
when I was just really
young,
that's what
I'll tell you about right now.

Now then, I told
three stories.

Aiits'a' łyaa k'eejit ihłįį
akǫǫ
tr'iinin ihłįį
łąą ganaldaii kwaa roo.

Aiits'a'
it'ee gwats'at ganaldaii izhik gwats'an
    gwahaldak t'oonchy'aa juk.

Dzaa
yeedit tr'igwich'į' gwats'at t'ee Draanjik
    gwats'a' tthak tr'ahaajil.

Dinjii datthak
akwat ts'a' datthak Draanjik oondak
    Draatł'it
gwats'a' tr'ahaajil.

Aii
dįhch'i' nąįį googaa.

Akwat ts'a' khaii oondok gwiindhat.

Oondok khaii gwiindhat.

Aii gwats'at
gwiłgǫ' ts'a' tr'ihchoo haa tr'ineeriijil.

Tr'ihchoo haa tr'ineeriijil ts'a'
oodit teeraajil.

Shitseii, gwiizhik
it'ee tthak
dinjii iłts'ik.

Dinjii tthak iłts'ik ts'a'
tr'iinin nąįį zhrii ehłik t'ee.

Akwat ts'a' shitseii, aii gwats'at t'ee yeenji'
Old Rampart gwats'a' hee tr'ahaajil
izhik hee tr'igwich'įį.

Aiits'a'
izhik hee tr'igwich'įį ts'a'
łyaa niinghuk
izhik tr'igwich'įį.

Aii gwats'at tr'eeriijil ts'a'
yaa gehjųų
John Herbert vanahkak
izhik chan niinghuk
tr'igwich'įį.

Gwats'at chan
yaaghat Grafy
izhik chan
izhik chan niinghuk tr'igwich'įį.

But about when I was really young,
now,
when I was a child,
I really don't remember that!
And so
I'll tell about from the time I do remember.

There,
we were living down (at Fort Yukon), and
    from there we traveled to Black River.
All the people
traveled to the headwaters
of the Black River.

Even
the old men.

And we stayed there all winter.

The whole winter.

And when
the snow melted, we came down in a boat.

We came down in a boat and
stopped down there.

Grandchild, at that time
all
the people were sick.

All the people were sick, but
only the children died off.

So, grandchild, from there we went up
to Old Rampart,
and we lived there.

And then
we lived there,
for quite a long time
we lived there.

We left there and
farther down
was John Herbert's place,
and we stayed there
for a long time too.

Then from there
we moved down to Graphite
and we lived there
for a long time.

34

Aaa!
Shitseii, izhik it'ee vadzaih oondak
oondak ddhah kak vadzaih keeriidal.

Akwat ts'a'
gohch'it
geełeerahoojil ts'a' yee'at
K'aiiroondak nineeriijil.

Aaa! akwat t'ee
shitseii, nihky'aa
neerihiidal.

Ndak
ts'a' chan yee'an
ddhah kak hee chan
neerihiidal ts'a'
gohch'it zhyaa zhik
vaanoodlit nąįį t'inchy'aa gwa'an juhts'ąįį
gwa'an k'ii'ee'an yee'ee'an
hee ddhah kak googaa neerihiidal.

Akwat ts'a'
yeenji'
chan it'ee kwat
gohch'it t'ee shitseii
datthak
t'ee
łąįį
haa t'igwii'in.
Gwintł'oo khats'a' ragwaajii geegwaldak
t'iihnyaa.

Akwat t'ee
gohch'it ndaa ts'a' dzaa
chan vaanoodlit kwaa nats'aa.

Kwat ts'a'
yee'at gwizhrii ts'a' gohch'it dee oo'ęę
tr'agwąąh'in akhai'
ree dzaa
gwigwich'ii łii.

School zhee chan gwakwaa
tr'iginkhii zhee chan gwakwaa.

Aiits'a' gohch'it ree
oo'ee zhyaa neeneełirąą'ik ts'a' gohch'it
ree dzaa
drin choh zhit chan ree nagwaanąįį.

Ah!
Grandchild, then from there we went up
    after caribou,
we hunted caribou in the mountains.

Then
finally
we left there and
went to K'aiiroondak (Shuman House).

Ah! then,
grandchild, we traveled
here and there.

Over
on this side
of the mountain,
we walked around and
finally came to where
there was a white man living,
and even farther out,
there was another mountain, we walked
    around there too.

So then
we went eastward,
and then
finally, grandchild,
we did
all that
just using
dogs.

I'm telling you, we all suffered a lot.

At that time
there were still
no white people around here.

Then
we just stayed over at our place (at
    Shuman House)
and finally came here,
where people were living.

There was no schoolhouse,
and no church.

So then
we just visited with each other and finally
New Year came.

35

Akwat ts'a' t'ee nitsii t'ee
"Dzaa
school zhee tr'agohtsyaa," nyaa.

Akwat ts'a'
aii school zhee tr'igwiłtsąįį tł'ęę
gwiyeetthan
geeghaii ts'a' chan
gwanzhih deek'it
gohtsii gavahnyaa.

Akwat ts'a' gwik'it t'igiizhik łii.

Akwat ts'a' it'ee yeedee
school zhee chan geeghaii chan
    tr'igwich'įį goodlit nahąą.

Akwat ts'a' gwiyeetthan chan gwanzhįh
    deek'it.

Gohch'it ndaa ts'a' ree zhyaa ree
geech'oąąhtan gwachoo, tr'iginkhii zhee
    gwachoo haa zhyaa ree
anłirigweetthal. Aii t'ee nitsii viginjik
k'it dzaa town goodlit roo.

Aiits'a' at'oohju'
gwandaa vat'aałchy'aa,
hee gwanaa
datthak
goo'ąįį geegwaldak t'iihnyaa.

Then your grandfather said,
"Let's build
a schoolhouse here."

And so
after we built a schoolhouse,
down below that,
on the side there,
he told them to make
a place for a garden.

So they did as they were told.

And so after that
we started to stay by the school; you can
    see how it got that way.

There is a garden below there, too.

As time went on, there finally was
a big schoolhouse and a big church
standing side by side. And so at your
    grandfather's words
a town was established here.

And now finally
I'm talking about
the way it was
here
just a few years back.

6 A moose hunt; sickness

This account has several episodes. First, Belle tells of a moose hunt near Shuman House with either her husband or her brother-in-law (for some reason called "your brother-in-law" in the opening statement). "Six Mile" is the name of several places in the area. In the second episode, Belle tells about hunting by herself. Later that same year, Joe Herbert traveled to Fort Yukon and contracted pneumonia. The doctor who treated him would have been Grafton Burke. A native doctor, Colin Tsal (White Eye's son, who died in 1920 at Beaver) also came to treat him. Belle returned to Shuman House with her husband, then with the help of the Wards took him by dogsled to Fort Yukon, where he got medical care and recovered. Belle dates this episode by the death of William Loola (in June 1916), whom she calls "my grandfather" (a term of respect; he was actually her father's sister's son). William Loola was the minister's assistant in Fort Yukon for many years.

Yee'at	Over there at Shuman House
t'iichy'aa	I lived,
izhik chan	and there
it'ee	then
shahzhrii vaa ihłįį ts'a' zhyaa vaa neehihdik yaa naghwąįį tr'ookit hee.	I stayed and traveled around with that brother-in-law of yours.
Akwat ts'a'	So then
yi'ee'an hee t'ee chan nahadhaazhrii.	he and I went out there to hunt.
Akhai' t'ee dinjik diłk'ee,	And he shot a moose,
dinjik diłk'ee ts'a'	he shot a moose and
aii geeneedee hee drah doo'ąįį deenaadąį' gwats'an hee.	way up ahead there had been a cache since a long time ago.
Akwat ts'a' aii dinjik diłk'ee khadiint'uu zhat ree nidhiihaa.	So he cut up the moose he had shot and we camped there.
Nihkaa vanh	The next morning
chan hee	again
t'ee dinjik ch'ihłak kiinzhii chan diłk'ee.	one moose came out and he shot that too.
It'ee dinjik neekwąįį.	Now it was two moose.
Aaa! shitseii,	Ah, grandchild,
aii zhyaa	he cut that
tthak khayadant'ii ts'a'	all up in pieces so
vik'eehałdak ąhtsii.	I could handle it.
Akwat ts'a' yeedee drah zhit niihłii gwiizhik it'ee	Then while I was putting it in the cache,
aii shih	he put all
aii tthak	the meat
oodak niilii t'ee.	up there too.

Aiits'a'
it'ee oodak
tły'ah
shats'a' nanaazhik aii haa vatł'at
   dach'ałchaa ts'a' deeneeyivyaa'ak.

Aiits'a' datthak vizhit yirinlii.

Aiits'a' it'ee ootthan neehidhii'oo.

Ook'it k'eeneii'oo ts'a' t'ee
chan hee izhik gwiizhik t'ee
vigii naįį ooduk hee
t'iginchy'aa.
Yaa oodeedi'
Six Mile gagahnyaa
izhik it'ee
jyaa t'eeshihiiłnąįį.

It'ee Gwichyaa gwats'a' nihts'eetr'ihchoo-
   daahnąįį.

Aaa! shitseii
yeedit gwa'an neekwat gwąąhaa gwich'in.

Yeeneenjit ree dinjik tik kyąą'oo.

Then
he threw
a rope up to me
and with the rope I pulled up the meat.

So we put it all up there.

Then we started back down.

When we arrived home,
at that time
his children were living
down there,
way down there
they call it Six Mile;
and there
he left me alone.

He went to Fort Yukon with a boat.

Oh, grandchild,
I think two days had passed.

Three moose came out of the bushes
   up that way.

Aaa! shitseii
yeetthan zhyaa tr'ih tsal haa naaldraa,
naaldraa ts'a'
oondok t'aa,
t'aa chan kwaa
t'aa zhrii Kiin'ee ts'a'
aii
k'iinji' t'aa tee k'iinji' zhyaa theetaaltłee.

Akwat ts'a' t'ee
ch'izhir teenzhii
aiits'a' oodit tł'in neegwaah'ik, k'iinii
   deegwįįlk'at dǫhłii.

Jyaa dinchy'aa yeedi'
aii goh'it t'ee
yaa deenji' dinjik ahaa.

Gwiizhik oondit dizhuu viditsik haa
   oodit tth'aii hee.

Akwat ts'a'
it'ee vikįį t'ee theetaalgik.

Aiits'a' vidivee nikheech'idiitin.

Zhyaa jyaa dii'in
oondaa neehaa'aa jyaa dii'in vanan zhrii
   kheiikak.

Gohch'it t'ee vanan ehzhee t'iihłik.

It'ee jyaa diizhik it'ee łyaa dilk'ee
   googaa jyaa diizhik.

Neech'ohołk'ee ts'a' t'oonchy'aa kwaa.

Gwiteegwaanąįį.

Aaa! shitseii.

Akwat ts'a'
tł'ee nihkaa gwandaa ree k'inidik.

Yik'įį gwąąh'in akhai' łyaa dilk'ee
   k'it'inchy'aa yahnyaa.

Gaa shin gwanlįį ts'a'
vik'įį gaatr'igweendaii yuu.

Aiits'a' t'ee
aiitł'ęę t'ee oonjuk k'eeneiidal.

Izhik khaiits'a' t'ee
aaa! shitseii, t'ee ree neegwiinky'uu
chan hee yaagha'
Six Mile chan teedeetan ts'a'
izhik chan gwats'a' shihiltsit.

Ah, grandchild,
I paddled a little canoe across—
I paddled across and
there were a few cottonwoods,
growing sparsely
in just one place and
right there
there was a little portage.

And then
a bull moose came out
and went in the water, and looked down
   around the bend.

It just stood there
in concealment,
and then the moose started walking.

Meanwhile, the cow and calf were still
   where I had seen them first.

So then
I beat it through the portage again.

And I sat there waiting for it.

I could see it
taking a step forward and back, and its
   back moving back and forth.

Finally I shot it below its back.

Even though it was shot, it did like
this (moves hands).

I didn't have time to shoot again.

It disappeared into the brush.

Ah, my grandchild.

Then
after a day or two he came back.

He checked its tracks and said it looked
   like it had been shot.

But it was summer, so
we couldn't track it down.

After that
we went back up.

That fall,
ah, grandchild, when the leaves had fallen,
again there
at Six Mile it had frozen over and
he took me there again.

Ellen shaa.

Tsiik'it zhyaa gwiłtsąįį
sheih kak ree jał haa ch'ajalrahah'aa
łuk ji' gwizhit rahahchaa ghan.

Akwat ts'a'
it'ee nihkaa vanh
t'ee Gwichyaa gwats'a' łąįį haadlii
it'ee teediitan ts'a'.

Aaa! shitseii
aiits'a' oodit k'idik ts'a' koo yiiłkhwąįį
    dǫhłii.

Googaa koo nint'aii yuunjik googaa
    gwidįįneehoozhii.

Akhai'
pneumonia dhidlit łii.

Aiits'a'
oodit khiitsik vijųų gwidįį
vaanoodlit gwich'įį
aii Mary Tsoo gwinyaa gwiintth'ak?

Aii eedhidii dąį'
izhik gwigwich'įį izhik
łąįį zhyaa k'eegwaadhat ts'a'
goodąįį tr'iyąąhchįį łii.

Aiits'a' t'ee giyuunjik łii ts'a'
    giik'ąąhtii ts'a'
zhyaa gwandak k'iighai'
it'ee yee'at
shak'at deegwandak ilnąįį.

Aii it'ee ree
oodi' hoiizhii
aii yeedit
shaghoii Alexander nąįį
t'iginchy'aa
aii tthak
ree shaa gahaajil.

Oo'at geh'at
t'oonchy'aa łii
goodhaii naanąįį.

Akohts'a' it'ee łyaa
akohts'a' t'ee doctor keerahaa'oo.

Nihkaa ree
oodee shaghoii t'inchy'aa izhik hee
    gwats'a' neediirihiłchįį.

Ellen was with me.

He just made a cache
in the sand and when we fished with hooks
if we caught fish, we'd put it there.

Then
the next morning
he went to Fort Yukon with dogs,
since it had frozen over.

Ah, grandchild,
when he arrived down there, he had
    caught a cold.

He knew he had a bad cold, but he
    started back up.

He actually
had pneumonia.

At that time,
just above the mouth of the Salmon River
there was a white man living;
have you heard of Mary Tsoo?

She was married to him and
it was to their place
that the dogs took their way and
brought him there, it seems.

So they took him in and took care of him;
the news went around
and over at our place
I heard about it by chance.

So then
I went down there
to that place,
and my brother-in-law Alexander's people
who were living there
all
came along with me.

There were some people
living over there;
there was an emergency case.

Then
somebody went down to get a doctor.

The next day
we took him to where my brother-in-law
was living.

Izhik hee ree doctor k'idik.

Akwat
ch'oondaii aii gwik'it
t'inchy'aa kwaa łii ts'a'
oodi' chan ch'oondaii keeneerahoo'oo.

Aaa! shitseii
gwintł'oo shidyąąhch'i'
it'ee łyaa vigwihehkwaa zhrii k'it
    sheenjit t'inchy'aa.

Akwat ts'a'
doctor
oodi' ch'oondaii kineech'ił'e'.
Aii haa giik'eehiiłtii gwiizhik Colin
Tsal Ida viti'
aii, aii dinjii dazhan tsal t'inchy'aa.

Akwat ree aii vaa gįįhshii
akhai' aii geenjit oodįį hoiizhii
    t'oonchy'aa shahnyaa.

Akwat ts'a' diihaa gwitr'it t'agwah'ya'
    ji' gaa vaashandaii kwaa.

Łi'haa
it'ee łyaa gwinzįį gwandaii kwaa dhidlit
    googaa neegwiindaii.

Akwat ts'a'
gwintsal dineenjit gwinzįį ts'a'
shachaa Moses aii oonji'
shaa neegiyąąhchįį.

Gǫǫ oonjit it'ee łyaa veegogwantrii.

Aiits'a' Joe Ward
gwiizhik khyų' oodi' varahnyaa.

Joe Ward
t'ee gohch'it
akoodiyahnyaa ts'a'
injyaa haa
shaa haazhii ts'a' shįį aii shidyąąhch'i'
    hałchyaa ts'a' oodi' hoołchįį
shii aii ałchyaa.

Łąįį five
haa t'ishi'in.

Akwat shitseii aii shaghoii aii injyaa haa
zhyaa
shaa ahaa.

Finally the doctor arrived.
But
the medicine
wasn't the right kind and
somebody went down after the medicine.
Ah, grandchild,
I really thought my old man
would be a goner.
But then
the doctor
sent somebody after medicine.
They started to give him medicine, and
    meanwhile Colin
Tsal, Ida's father,
he was a bit of a medicine man.
So I was talking with him,
and he told me, "That's why I came up."

I don't know if he worked on my
    husband or not.
He was really
down, but he recovered.

Then
when he was feeling a little better,
my younger brother Moses and I
took him back up there.
But it was really hard for him up there.
So we tried to coax Joe Ward
to go down.
Joe Ward
finally
asked him, and
he and his wife
went with him; I was supposed to take
    my old man down, so I did;
I myself carried him.
I was using
five dogs.
Then, grandchild, my brother-in-law and
    his wife
only
were traveling with me.

41

Akwat zhyaa khyų' t'ishi'in ji' izhik
   shats'a' tr'iheendal ghan.

Gwiizhik shigii aii oodit Gwichyaa Zhee—
   zhee shrigwilii.

Aaa!
Akwat oodit k'eerahchik
nizįį kwaa izhik it'ee Loola vakwaa.

Izhik gwahgǫ' izhik t'ee Loola vakwaa
   t'oonchy'aa.

Akwat t'ee
doctor chan diik'ąąhtii ts'a' t'ee gohch'it
   t'ee veenjit gwinzįį neegwiilii roo.

Akwat ts'a' t'ee
chan shitsii chan t'ee iłts'ik t'ee.

Akwat t'ee
it'ee łąą gwiłgǫ' gwiizhik t'ee
   shitsii vakwaa roo.

Aii gwiizhik t'ee yaagha' shidyąąhch'i'
   chan veenjit gwinzįį neegwiidhat.

Aiitł'ee gwandaa hee gohjų' yee'at chan
   gwits'eehidhii'oo.

Whenever I was unable to do anything,
   he helped.

Meanwhile, my son had been fixing a
   house in Fort Yukon.

Ah!
Finally we got him down there,
and then Loola died!

It was when the snow was melting there
   that Loola died.

Then
with the doctor taking care of him, he
   was finally getting better.

Then,
my grandfather got sick too.

And
after all the snow had melted, my grand-
   father died.

All this time, my old man was getting
   better.

Later on, we went back over home.

Aaa!
shitseii
gwintł'oo gwitr'it gwintsii gwiltsąįį.

Aii oodi' t'ahthee shihthan naałchįį.

Vaanoodlit shaa injyaa
aii haa
t'ishi'in.

Shatth'an tee tsaldhaghaa dąį' neehihdik
gogwantrii shaa nagwaatth'at t'ee.

Gwintł'oo gwitr'it
nitsii shigwitr'it
nitsii shaa nagwaatth'at.

Ah!
grandchild,
a lot of work went into that.

I took him a long way.

The white man and his wife
were with me
when I did this.

The snow was drifted up over my legs
and it was hard for me to walk.

It was hard work,
that big task of mine,
it turned out to be hard for me.

7 Old-time clothing

Summer clothing was made of caribou skins without the hair, and for winter clothing the hair was left on for warmth. The pants with attached footpieces that Belle mentions must have been going out of style when she was young. Both pants and shirts were decorated with beads (before traders came, with dyed porcupine quills). There were fringes all around the bottom of the shirt. The elaborate dog harnesses described were apparently an introduction from Canada; they were not the kind used today, made entirely of flat straps, but instead resembled a horse harness with a padded, stiff collar rising to a "horn" at the top of the neck. When Belle told the story, she took out a little bell of the kind used on harnesses and rang it.

Ninghit dąi' k'eejit ihłįį dąi' geegwahaldak.

Inglis ky'aa tr'ahotł'įį chan gwaatsii.

Akwat dinjii
ch'idreetąih thał
jyaa dąhjyaa gii'įį.

Akwat ts'a' aadzii vandąat'aii
khathaagilchaa.

Aii ankhwachaa
aii dzaa chan naagąįį tsal haa
chan iltsąįį.

Akwat ts'a'
it'ee ch'idreetąih
thał.

Akwat ts'a'
kwaiitryaa
aii chan
khaih k'ii khyuu khanilch'aa aii t'ee
  tth'aa agahnyaa.

Aii haa
giyandoo kwaii ree.

Aii kwaii
zhit gaa'yuu
aii t'ee khaii kwaiitryah choh.

Aii yehdak t'ee ch'idreetąih thał
zhit gaa'yuu.

Akwat ch'eetak nąįį
ch'anjaa nąįį dazhoo thał
vakwai' vitsįį
aii gweezhak naagąįį jeiinchy'aa.

I'll tell you about long ago when I
  was young.

Men wore English (Canadian) style clothes.

And men
wore britches
that were this long. *(indicates with hands)*

They had caribou-skin strings on it
that they tied around their waists.

And it was decorated
around here *(indicates with hands)*
with beads.

And those
were called
ch'idreetaih thał, britches.

At that time
moccasins
were also
sewn with a kind of sinew called *tth'aa.*

That kind
was twisted.

Those
that they wore
were big winter moccassins.

And over them they wore
the britches (or leggings).

And some
older people wore fur pants
with feet sewn to them,
and beads on them down this way.

Naagąįį vakwaiichan jeiinchy'aa
aii zhit giil'yuu gwiizhik aii
ch'igii ik aii chan
jii vaghah k'at tthak gwiltsąįį.

Aii tthak dradantthak aii vit'įį googaa tthak
łąą t'inchy'aa.

Akwat dzaa gweezhak
aii tth'ak k'it t'inchy'aa haa gogwahtsii.

Akwat ts'a' vit'įį chan
giits'ee ch'ok chan gahtsii.

Aiits'a' thah
choo chan akhagilchaa.

Łąįį kwaii
ch'adhaa łąįį tły'aa tr'aghan nahąą.

Ch'adhaa łąįį tły'aa tr'aghan chan
vikiitsii ch'iitsii tsal jyaa dinchy'aa ts'a'
dzaa chan vikiitsii
chan jidii ghoo dhidlii ts'a' dzat gweezhak
   chan ohotł'ii zhok aii
va'oo t'igwirilik.

There were beads around the ankles
on the footed pants they wore, and
the parka or shirt
also had beads all around the shoulders.

And all around the back was
a border of fringe.

And running down it
they also made a fringe like this.

And on it they also
made a pointed hood.

And they belted it
with a wide braided belt (from Canada).

For the dogs
they made skin harnesses.

The neck strap of the harness
had a little piece of metal on top,
right here on top,
and on top of that they put little round
balls of yarn.

46

Aii oodee vikiitsii chan riibin
 łęįį gahochaa.

Dǫǫ dilįį ts'a'
aii goots'i' k'it jeiinchy'aa tthak riibin
  zhrii gookiit'ik gahochaa.
Goots'i' k'it zhree.

Aiits'a'
łąįį tły'aa. . .jyaa
dąhjyaa zhree
aaa! lęįį ts'a'. . .
aiits'a' goonantaa jyaa dinchy'aa
oondaa googhin chan
ch'iitsii laii. . . .

Akwat ch'iitsii laii ghoo aii goonantaa
jyaa dinchy'aa.

Jii aii googhin
jeiinchy'aa.

And at that spot they tied
a lot of ribbons.

They used four colors and
tied all the ribbons to the place right
on top of the back of the neck.

And also
on the harnesses,
about like this,
oh! there were a lot of....
there was a crosspiece like this,
and around the neck
was a little bell.

There were little round bells on the
  crosspieces
just like that.

The other
was around the neck.

Tąįį ts'at
jyaa dąhjyaa zhree
aii t'ee łąįį ts'at
łąįį taa
aii vakak gwantaan'ee ts'a' gehdee chan
    ohotł'ii zhok haa veelin tthak
łihts'ee. . . dha'ee.

Akwat ts'a' naagąįį
chan haa
vakak gwanatthaach'arąąhtthaii ts'a'
gohch'it łąįį ts'at jyaa
chy'aa
zhyaa vakak tthak zhyaa ch'ihiłdrin
naagąįį tthak jii tthak naagąįį t'agah'in.

Akwat ts'a'
dzaa gweenji' viji' jeiinchy'aa aii tsii chan
    riibin.

Gohch'it k'ii'ee
łąįį nąąh'oo chy'aa gwadal jeiinchy'aa
jyaa dinchy'aa.

Gwintł'oo aakin ch'igwiidlįį
aiits'a' dachaaval
aii dachaaval aii chan
vats'an tr'iyidiin'ee kwaa.

Vadhahk'it chan gwanlįį kwaa.

Zhyaa ch'adhaa dahotthoo
vadhaa njaa tr'ahtsik ts'a'
aii vizhit goodlii.

Aii gwakak ndaa chan ts'at
giit'aahchy'aa łint'eelzhii, chan vakak ndaa
aiits'a' at'oohju' t'ee gaatł'įį.

Oozhee dachaavał
aii kak tły'aa jyaa darah'in,
jyaa darah'in
aii haa zhrii gaatł'įį
vatai' kwaa.

Vadhaak'it chan gwakwaa.

Akwat ts'a' zhyaa ree
ndaa vach'aroąąh'ee ts'a' łąįį ts'a' gwii'ee
    hee chan jyaa darah'in.

Akwat izhik tr'injaa nąįį chan
dazhoo thał zhangiil'yuu aii chan kak
    naagąįį.

A trail blanket
about this long (indicates with hands)
a dog blanket,
went over the dog,
and it was decorated with yarn
all around its border.

Then beads
also
were sewn in and out, and
finally the dog blanket,
the old kind,
was just sparkling all over,
they made it beaded all over.
And
there was a lot of ribbon on the horn.

So when
the dogs came along harnessed like that
they just jangled.

It was really something to hear,
and the toboggan
the toboggan was a type
that had no handlebars.

It had no skin covering on it.

They smoke-tanned a moosehide,
made a bag of it and
put their things in it.

The blankets they used on it
were folded carefully and put on top,
and then they tied the whole thing down.

On top of the toboggan
we did like this with a rope,
we did like this,
that was all that held it down;
it didn't have any handles.

There was no skin covering.

And they helped the dogs,
pushing with a pole when they weren't
    strong enough.

At that time the women also
wore skin pants with beads on them.

Alice: What kind of skin did they use?

Ch'akhaa inghii
tr'iitthoo aii
ch'adhaa ts'ik jyaa tr'ahtsik jihnyaa.

Aaa!
shitseii
łąįį tły'aa chan giyahkhii chan giyiitthoo.

Dachaavał thaa gahtsii aii chan giyahkhii
    tł'uu hee chan
chaavał thaa gahtsii.

Gwintł'oo
gwitr'it
gwintsii gwaatsii geegiihkhii t'iihnyaa
    shitseii.

Zhik zhyaa gwighyaa'in gwizhrii geegihkhii.

Akwat aii tr'injaa chan ree
dazhoo thał choo hee
naagąįį haa jyaa dinchy'aa
zhoo'yuu.

Gwiizhik chan
dazhoo ik
jyaa dąhjyaa ree naatsuu.

Aii dazhoo ik aii chan
jyaa dinchy'aa ts'a' gwizhrii,
jeiinchy'aa.

Aii googaa tth'aii nihk'it jyaa dinchy'aa.

Akwat aii vitł'in tthak
dahotthoo chyaa łihts'eedhi'ee.

Gwiizhik dzat k'iizhak chan naagąįį haa
    daho'il, dzat
k'iizhak nihts'ii yaaghat diint'ii k'iizhak
    chan
aii vitsįį hee
ahotł'ii zhok tsał ganhochaa.

Geetak hee chan k'iizhak t'inchy'aa dzaa
    vitł'in datthak
naagąįį haa jyaa dinchy'aa.

Akwat dzat k'ii'an
naagąįį jeiinchy'aa.

Jyaa dinchy'aa.

We made
a long bag
out of smoked skin, as I said.

Ah!
grandchild,
even the dog harnesses were made of
    smoked and tanned hide.

They made the toboggan cover out of soft
    smoked hide,
they made the toboggan cover too.

It was really
a lot of work,
when they tanned hides, as I said,
    grandchild.

I only talked a little about it.

Well, the women also
wore big fur pants
with beads on them,
that's what they wore.

And she also
wore a fur parka
about this long.

The fur parka
was made just the way
I said it was.

It was always the same.

All around the bottom edge
was a border of smoked hide.

And down this way were dangling beads,
and down each side and down the back too,
and the point
had a little yarn tied to it.

Sometimes all the way down and around
    the border
was done with beads.

This part too *(shows with hands)*
was beaded.

That's how it was.

Dzaa chan veelin chan
tthah haa
aadzii tthak kwaii
haa veelin. . .aii haa vaa neerahantrak
    ts'a' dzaa ree kahthaa di' k'it ree
    t'inchy'aa.

Aaa! shitseii, gwinlin tsingwąąhchy'aa
    tr'ahotł'įį.

Kwat jyaa doonchy'aa
shin hee ree googaa ch'adhaa
thał zhangaa'yuu.

Vakwai' gwanlįį ree.

Geeghaii ts'a' gwat'agahaahchy'aa gwanlįį
    kwaa it'ee gwizhrii roo.

Akwat shitseii gwintł'oo
neeshreegwąąhchy'a' googaa
tsingwąąhchy'aa ts'a' adadahotł'ii nąįį
    gwanlįį gwinli' t'igwinyaa.

And around here
with an awl
and caribou skin
they sewed a border, and when they pulled
    the caribou skin, it tied up just like
    a sack.

Ah! grandchild, it was often funny the
    way people dressed.

The way it was,
even in the summertime
they wore skin pants.

They had feet on them.

There was nothing they could use except
    what was available to them.

So, grandchild, times were
very hard then and
people dressed strangely, that's how it was.

8 Life in the old days

Belle mentions "bark houses," which were temporary shelters of the lean-to type covered with sheets of birch-bark. The "red tent" was a traveling shelter stained with ochre. The "Canadian blankets" were probably the trade blankets known as "Hudson's Bay blankets."

Akwat t'ee ree
Inglis
yeenjit
Old Rampart
gwizhrii hee
khehkwaii t'inchy'aa gwich'in.

Chan ch'ihłok gwaał'ya'
neeshraałchy'aa ganaldaii
kwaa ilii googaa ganaldaii.

Aaa!

Akwat aii.

Jyaa diginchy'aa ts'a' shin hee googaa ree
ch'eetak nąįį
aatr'ii
zhee zhyaa
gwaatsii t'igwinyaa.

Gogwantrii roo.

Geetak hee gwizhrii zheegwadhaa
aii chan
zheegwadhaa daatsik ree.

Gwintł'oo neeshreegwąąhchy'aa.

Akwat geetak chan Inglis ts'at nał'in.

Geetee hee chan dazhoo ts'at shin hee
    googaa,
ditr'uu ts'at ree.

Akwat ts'a' tsuu chan nał'in kwaa.

Vadzaih dhaa khaiinjik
vaghai' tsal geetak hee dhidlii
yeendee ts'at iłtsuu aii zhrii.

Dagogwach'aa lat
tsal
aii yeenjit digikįį t'agąhthan aii kak
    gikigaazhii gwaał'in.

So it was
the Canadians
were upriver
at Old Rampart
and there was just
a chief there, I think.

I saw it once
when I was very small, I never would have
    remembered,
I just barely remembered it.

Ah!

Well then.

It was like that in the summertime but
some people
made bark
houses
for themselves, they say.

Times were very hard.

Sometimes there was just a skin tent,
and
the skin tent was painted red.

Times were really very hard.

And sometimes I saw those Canadian
    blankets.

Sometimes we used fur blankets even in
    the summertime,
robes from which the fur had fallen.

Well, I never saw a pillow.

Just caribou skins with the hair
    falling off,
with patches of hair here and there,
were lying there, that's all.

What little clothing we had
we used
as pillows, folding them under our heads.

Gwintł'oo
neeshreegwąąhchy'a'
gwi'it gwiizhį' gaa
ree gwintł'oo tr'igwįhjik gwachoo.

Aii gwik'iighai' juk diineenjit gwinzįį
    gwaatth'aa t'oonchy'aa.

Geeneegįįhjii
googaa
gitr'ii'ee ts'a' gwįhdaii
chy'aa yaa nakhwalak
nįįghit nan kak gwats'at k'ii'ee
    neehidik geh'an
geegwaldak t'iihnyaa.

Gwintł'oo dinjii khaiinji'hojik t'oonchy'aa.

Aii tr'iinin tr'inlįį dąį'
gwintł'oo
neeshreeraahchy'aa.

Ti'yaa valak nąįį
tee ts'a' teediirahaadlii.

Ni'ęę valak aii yeedit Gwichyaa
aii googaa ree
gwinzįį
ch'ihłak t'araahchy'aa kwaa
ni'ęę zhrii khanaandaii
. . . tr'ijit gwach'aa tsal
dineetł'oodąąghit.

Akwat
dazhoo ts'at
oo'ok
tr'ah'ii aii haa
ch'adhaa dazhoo kwaii haa gaayii daatsii
    aii ree adhaatł'įį dǫhłii.

Geh dhaa kwaii haa.

Jyaa dirinchy'a'.

Akwat
juk gwintł'oo
duuyee chiitee rąąh'in.

Duuyee
neeshraahchy'aa nąįį k'aahtįį gwachoo
    dzaa nan kak nigwiijyaa
ts'a' nats'a' dee tr'iits'aa tr'iheendal.

Izhik gwanaa gwintł'oo
    neeshreegwąąhchy'a'.

It was really
poor,
and I don't remember it too well,
I was really unaware of things then.

Compared to those days, we get along
    very well today.

I don't even
like to talk about it
very much,
but since our friend here
has traveled a long way to get here,
I'll tell about it.

People really suffered a lot then.

When we were children,
we were really
very poor.

My father's relatives
took us in.

My mother's relatives lived in Fort Yukon
but
we didn't
bother them very much;
my mother just worked to support us,
and scrounged up
a little clothing for us.

Then
we had
skin blankets;
she worked for the skins
out where other people were getting skins,
    and that's what we wore, I guess.

We had rabbit skins too.

That's how we were.

Now
in these days,
we don't ever see orphans like that.

There is no way
we'll be poor again, because people take
    care of us around here with welfare,
so there is nothing we lack.

But in the old days, we were very poor.

9 Traveling; marriages; a tragedy

The events in this story took place between 1910 and 1920. The Wards were married in January 1914, and Sam Herbert married Jenny in June 1919. The first episode probably took place in the mountains north of Graphite Point. "Shooting on New Year's Day" refers to the old custom of firing rifles as part of the celebration. Paul Herbert, mentioned in the account, was Belle's husband's nephew; Nena is Nena Peterson, whose Gwich'in name means "chickadee." The child and the white man whose deaths are described in the final episode have not been identified.

Aiits'a' ch'ihłan	One time
chan	too
yi'eendak hee highiijil izhik	we went up there
chan Joe Ward nakhwaa.	and Joe Ward was with us.
Aaa! shitseii vadzaih gwanlįį,	Ah! grandchild,
it'ee drin	it was just
tsal	before Christmas
ts'a' ree.	then.
Drin tsal t'ee oondak tr'ahaajil akwat	We went up around Christmastime and
drin choh zhit akwat oondok ddhah kak hee.	spent New Year's up there on the mountain.
Aaa! shitseii	Ah! grandchild,
vadzaih gwanlįį ts'a' ch'aadoo.	there were a lot of caribou, and they just kept shooting.
Drin choh zhit ch'aadoo chy'aa gwik'it drin choh zhit	It was like the way they used to shoot guns off on New Year's Day,
gwintł'oo	there were so many
vadzaih gwanlįį.	caribou there.
Akwat shitseii ts'a'	Well, grandchild, then
izhik khaii t'ee	that winter
shiyeh'at yeedįį khadhizhii.	my daughter-in-law came up from downriver.
Ginkhii choh k'iighai'	It was because of Big Preacher,
Jenny.	Jenny.
Akwat ts'a'	Then
izhik hee	there
akwat	on New Year's Day
drin choh zhit vadzaih	they killed a lot of caribou.
lįįį ginghan.	
Gwiizhik Ellen haa zhrii oodee.	Just Ellen and I were up there.
. . .Khik, khik gwintł'oo	. . .All the time they kept
aii vadzaih oo'ęę niginlii.	bringing those caribou into camp.

53

Aii datthak
tr'ałt'ii
ts'a'
vatth'an chan ihtthat khwaii ałtsii.

Akwat ts'a'
aadzii chan ałtsii
yee'ok zhyaa aadzii dilgaii
tł'il kwaii haa hagaa ree.

Akwat izhik t'ee
nich'it
Charley Crow vinich'it khaiints'a'
    dinky'ałthat gaanandaii.

Aii
Noah vahan
aii t'ee
natsal gwiizhik shantł'eerahchįį roo.

Aii chan dinky'ałthat t'inchy'aa.

Aii shaa
akwat Ellen aii zhyaa yee'at than t'inchy'aa.

Akwat shitseii datthak
Gwichyaa gwats'a' gahaajil.

I cut them
all up
and
I pounded the bones and made grease.

Then
I cleaned the caribou skins,
and the place was full of white
    caribou skins
and babiche.

At that time
you know,
I was raising Charley Crow's youngest
    daughter.

She
was Noah's mother;
they gave her
to me to raise when she was small.

That's who I raised.

Well, she was with me,
but Ellen was living by herself.

Then, grandchild, they all
went down to Fort Yukon.

54

Dzat nakhwahzhrii oodok ddhah kak hee.

Akwat
gohch'it ree
zhyaa yee'at gwats'a' ree ch'ihilk'ee tth'ak.

Akwat ree
k'iitthan ree ch'iltaa.

Gwiizhik chan dhałts'ik
nagwaanąįį.

Akwat vaa dhałts'ik
nagwaanąįį than hee gavaa dhałts'ik
   nagwaanąįį.

Aaa! shitseii
gohch'it
chan gwąąhaa gwich'in.

Gohch'it dink'ee tr'iihtth'ak chy'aa.

Gohch'it ree zhyaa vanh
dąį' gwats'a' gwigwiin'aii
yee'ęę ree zhyaa
Paul Herbert,
John Herbert vidinji'
aii
yeedit
Nena Ch'idzigaak izhik diik'at deegaajil.

We were up on the mountain all by
   ourselves.

Then
finally
we heard a shot close by.

Then
we heard a shot right down that way.

Meanwhile,
I had fallen sick.

I had fallen sick while
we were all alone; I got sick.

Ah! grandchild,
finally
I think the night had gone by.

Finally we just heard a shot.

At last, early in the morning,
along to our camp
came
Paul Herbert,
John Herbert's son,
and
from down there,
Nena Ch'idzigaak.

Akwat ts'a'
ch'ihłęę diihaa t'iginchy'aa.

Akwat ts'a'
akhai' chan t'ee Gwichyaa Zhee gwats'a'
   haazhii ts'a' yaaghat
tr'iinin khadhaldii kwaii haa
zhyaa ree yeedok ddhah kak jyaa
diihiłjil.

Gohch'it dee
needraadhal gwiizhik gohch'it dee
   Gwichyaa Zhee gwats'at k'eeneegiidal.

Gwintł'oo gwiizuu.

Akwat ts'a' ree
it'ee chan
Ellen haa
oodok ddhah kak k'eehidhii'oo.

Akhai'
zhyaa ree vadzaih gwanlįį.

Yaaghok googaa neech'ahaa'oo.

Aiits'a' vadzaih dǫǫ t'ee teech'adoołk'ee.

It'eełi' chy'aa
zhik ch'iki' aii chan teeneihtuu ts'a'
ch'itsik chan vakak dałgąįį
ts'a' vaghwaa
ghwai'
chan ałtsii ts'a' vizhee chan thok
tał'in ts'a'
gwintł'oo shih lęįį.

Aii
tthak yeetthan neerahaadlii.

Jeiinchy'aa ts'a' yeedit
Gwichyaa Zhee
datthak gwats'a' hee tr'oonjik.

Aiits'a' oodit hee
. . .hagaa neenahodlat gaa tr'iłtsąįį roo.

Aaa! shitseii
akǫǫ
Ellen chan ree
oodee gwats'an neerihiijyaa
izhik
Ellen
tsin t'iizhik.

Then
they stayed with us for a while.
Then
he took off for Fort Yukon and left
that kid I was raising, and me,
up there on the mountain
while they all left.

Finally
they came back from Fort Yukon, when it
   was getting warm in the daytime.

It was very bad.

Then
after that
Ellen and I
started to walk around on the mountain.

And
there were just a lot of caribou.

They even walked around nearby.

And so I shot four caribou.

Well then,
I cut up the heads and
half-dried the ribs
and made marrow
grease
also, and the marrow alone
I prepared and
there was really a lot of food.

All that
we took down the mountain.

Just like that
we took it all down
to Fort Yukon.

And down there
we even made Indian ice cream.

Ah! grandchild,
then
Ellen
was leaving there with us
and then
Ellen
became very ill.

Aaa! shitseii
vadaa vats'an nilįį łii.

Gwiizhik neerahoojil
ts'a' zhaa nidįįltil łii ts'a'
zhyaa chųų veiinląįį k'it t'ii'in.

Akhai' ree
oodit ree
gwats'a'
tr'oonjik roo.

Googaa t'ee
shraazhik t'ee.

Aaa! shitseii
gwintł'oo neeshraahchy'aa dhidlit.

Akwat ts'a' aii
chan lidii tr'ahtsii
gwintł'oo
ninghuk hee zhat t'igwinchy'a' izhik.

Aii gwiizhik Circle chan gwats'a' haazhii
łii shigii aii
it'ee
Jenny noohaanjik łii ts'a' dzaa
k'eehiidal
giky'anjik ts'a' Circle gwats'a' haazhii łii.

Aii nich'it
adankhai' dinjii
vats'an neeheelyaa gwahtsii łii roo.

Gwats'a'
yaa shigii zhyaa oohaanjik łii.

Akwat ts'a' John Herbert vigii
Paul Herbert aii gitr'ii'ee łii.

Ndaa łigwidineechyaa gwiizhik zhat
k'eii'oo łii roo.

Gohch'it ree
t'eehozhii
aii chan oondaa ch'aroogit zhee hee chan
nihdeiinzhii łii.

It'ee ree vats'a'
hoiizhii, shaa oodi' neezhii.

Akwat łyaa ree
chiitee cheehałchii gitr'ii'ee.

Aii geh'an
t'ee vats'a' akhai' t'iyaach'it.

Ah! grandchild,
she apparently had her period then.

While we were traveling
she fell through the snow crust and
just started hemorrhaging.

So we just
took her
down
to the village.

However,
she got cured.

Ah! grandchild,
she really got in bad shape.

Then after that
we had a potlatch
and stayed there
for quite a long time.

Meanwhile my son had gone to Circle
and
it seems he was going to marry Jenny,
and hearing we were coming in,
he set off for Circle.

That girl
apparently
wanted to get married again.
So
she was after my son.

But John Herbert's son,
Paul Herbert, didn't like the idea.

He was waiting patiently when we arrived.

Finally
he came down
and went to stay at the pool-room house.

So I went to see him
and he came home with me.

Now really,
I didn't want to kick out an orphan.

That's why
we left them alone.

It'eełi' chy'aa gwinzįį shik'eehaahtyaa
   t'ał'in łii.

Shitseii gwintł'oo
shiyeh'at gwinzįį shik'ęęłtii.

Than łąą yindhan kwaa ree.

Akwat hee
oodi' gwinky'aa gwizhrii ginkhii geetak
   hee vaanoodlit ky'aa giyaaginkhii.

Akwat gohch'it ree diniitth'ak
ch'ihłan khaii googaa diniitth'ak naanąįį.

Ch'ihłęę
ch'akai' gwats'an
adoodinchy'aa gwich'in.

Akwat ts'a' it'ee ree nikhweenjit gwinzįį.

Chan ree gohch'it Joe Ward chan ree Ellen
   ooheendal nigwiighit łii roo.

Gohch'it
chan ree Ellen
chan ree
vaanoodlit yuunjik.

Akwat ts'a' yee'at zhyaa ree kwaiik'it
   gwintsii zhyaa ree nihk'ehnji' ree
zhyaa khik nihłaa t'iriichy'aa k'it
   t'oonchy'aa ts'a' ree.

Akwat ts'a' ree
kwaiik'it gwintsii k'it zhyaa ree
   t'oonchy'aa łii.

Ts'a' t'ee
juk tth'aii nats'aa deegwiheechy'aa łi'
   khehłee googwiinjik ts'a' ree t'igwiizhik
t'oonchy'aa.

Aii shaghoii aii
shigii
vigii vidinji'
vakwaa
gwintł'oo tr'iłts'ik nagwaanąįį oodi'
   diirihiltsit tǫǫ jyaa digwii'in kwat łąą
   vaaragoondak ts'a' t'oonchy'aa kwaa roo.

Later on she took care of me really good.

Grandchild,
my daughter-in-law really took good
   care of me.

She didn't care if she was out alone.

Now,
she only spoke downriver language
   (Koyukon), and sometimes they spoke
   English to her.

She got able to understand us
after just one winter she could under-
   stand us.

Maybe
she was like that
from some time before.

So then we felt better.

Finally the time came when Joe Ward
   and Ellen got married.

Finally
Ellen
also
married a white man.

So then there were two big villages not
   very far apart,
and we stayed together all the time over
   by Shuman House.

At that time
it was just like a big village.

Well,
I wonder how it would be now; it happened
   that both of them
got hurt.

Then my brother-in-law's
my child—
that is, his child, his son
died;
he got very sick and we took him right
   down in the middle of the night; we
   had no time to tell him.

Akwat ts'a' shitseii
it'ee
drin tł'ęę
khaa ts'a'
khai' ts'a' hee radio dąįį naadii akhai'
    zhyaa ch'oohiiłk'ii
akhai' deenyaa.

Yeeneedit gwiich'ii nakhwatseii
gwats'at tr'iinzhii kwaa
gwaak'ii łii.

Gwintł'oo vaanoodlit tr'igwidii dhidlit nyaa.

Akwat ts'a' jeiinchy'aa ts'a' t'ee
khyah ts'eehoozhii łii.

Akhai'
k'iinjik needyaa akhai' tł'eedik zhah zhit
aii ch'iitsii tły'aa kwat gweenin diłchaa
    dǫhłii.

And then, grandchild,
then
on Monday
evening
he sat down to listen to the radio and
    heard about it,
they spoke of it.

We living down below heard
that our grandchild
didn't live through it.

That white man was really grieved,
    they say.

And being that way, he just
went back out on his trapline.

And
he had checked his traps and was coming
    back down, and going down a snowbank
    he had put a dog chain around his
    waist, I guess.

59

Aii gwiizhik
łąįį gwidit'ee
. . .yaahnąįį łii.

Łąįį datły'aach'ił'oo gaa
ch'adai' vakwaa.

Aiits'a' chan tǫǫ hee chan vagwandak
haa yeedi' tr'ahaa'oo.

Aiits'a' t'ee vankach'ąąt'ak
aiits'a'. . .
k'eevyaach'adąąhnąįį vaanoodlit nilįį geh'an
shriit'ahkhyuk gwiindaii.

Drin tthak gaa tr'int'uu
. . .googaa
gohch'it
it'ee. . .nivichį'aanąįį.

And then
the dogs pulled him
over the bank.

The dogs pulled him over the bank and
he died instantly.

That night somebody went down to break
the news to him.

Then the plane came for him
but
the chain had cut him through at the waist;
he was a white man, that's why he
lived as long as he did.

All day they operated on him
. . .but
finally
then. . .his life slipped away.

10 Traveling up the Porcupine

Belle describes her family: she had four brothers (Robert or Chief Robert, Erick, Moses, and William) and one older sister (Eliza) who was already married at this time. Her father, who died when Belle was very young, was related by marriage to the Loola family, who were Canadian in origin. After Belle's father died, the family went to live near his relatives at Teetsik. Belle remembers how William Loola cured Charley Crow; there were at least two men named Charley Crow, one of whom died in 1947, said to be over 100, so this may have been the same man. The family spent the winter at Teetsik and then traveled by boat to Tł'oo Kat (see map). They traveled farther downriver. Belle remembers that there was no settlement at New Rampart, but there was one at Old Rampart at the mouth of the Salmon Trout River. This dates the episode between 1869, when the Hudson's Bay Company moved from Fort Yukon to Old Rampart, and 1889, when they moved from Old to New Rampart or Rampart House on the border. After spending some time at Old Rampart, the family went on to the Chandalar country or *Neets'ąįį*, a journey described more in text 21.

Ti'yaa niindhat googaa.

Jii
shįį
jii shachaa shats'aii
jii vagwanlįį gwiizhik t'ee ti'yaa vakwaa.

Ch'ihłak zhrii shitsįį gwiizhik t'ee
    vakwaa ts'a' niindhat googaa
    vaashandaii kwaa roo.

Aii gwats'an
yeenjit Circle t'ee niindhat t'inchy'aa.

Aii gwats'an gweenii hidhiijil
ts'a' dzaa niriinjil.

It'ee ti'yaa veejii
chan gwandaii
aiits'a' aii
tr'injaa neekwąįį, dinjii neekwąįį kwaii
    haa di'įį.

Aiits'a' veejii
it'ee Loola nąįį.

Aii t'ee ti'yaa valak nąįį ginlįį.

Akwat ts'a'
it'ee
izhik gwanaa t'ee kheezhii gwanaa nahąą.

Aii gwits'i' hee shee'ii nąįį dzaa
    gwats'a' ni'ęę
gihił'e' t'iginchy'aa.

Even my father died.

This
is me
and my younger brother was next to me
that boy was born when my father died.

There was only one child ahead of me;
    I was so young when my father died
    that I didn't even know of it.

He died away from there,
over in Circle.

So we came down from there,
and we settled here.

Then his older sister
was still living;
and she
had two girls and two boys.

Now my father's older sister
was a member of the Loola family.

They were my father's relatives.

At that time
then,
they called those people Kheezhii.

On account of that, my uncles
sent my mother over here.

Aii gwats'a' t'ee yeenji'
ddhah kak tr'ahaajil.

Gwintł'oo
ihtsal
geegwaldak t'iihnyaa.

Vijuu gwanaa niinghit hee
geegwaldak Vasdik deehǫǫhtsal
dee geegwandak shahnyaa.

Gwikii niinghit hee juk geegwaldak
    t'iihnyaa.

Aiits'a' yeenji' tr'ahaajil ts'a'
yaaghat Teetsik
gehnji'
ni'inlii garahnyaa izhik hee t'ee
Charley Crow gwich'įį łii.

Nihts'ii konh dha'ąįį
ch'ank'aa ginkhii Loola
gwich'įį łii.

Dzaa chan adan gwich'įį łii
gwiizhik t'ee nahkhii dhidlit łii.

Nahkhii dhidlit.

It'ee tr'ookit t'ahoozhik nał'ya'
aii gwizhrii nał'ya'.

Oo'at adąhzhrii dak'ąąhtii izhik
    nał'ya' kwaa.

Shitseii izhik ginkhii Loola yak'aa ginkhii
    googaa
łyaa nakwaa.

Gohch'it zhyaa tree
haa yak'aa ginkhii
aii k'iighai'
zhyaa vats'a'
tr'igwiinjii khehłąą ree t'ineezhik yahnyaa.

It'ee shandaa t'igwii'in
googaa ree ni'ęę gwits'eedinee'yaa.

Aii tr'ookit t'ahoozhik izhik gwizhrįį nał'in.

Aii gwats'at it'ee yi'eenji'
tr'ahaandii.

Khaii tthak geenjit ree.

And from there
we traveled up into the mountains.

I was very
small
at the time I'm telling about.

Later on,
I was telling about it and Vasdik asked,
    "How little were you
when you told about it?"

I'm telling you now about long before that.

Then we went up to
Teetsik there;
up yonder
at a place called Ni'inlii
Charley Crow was living.

There were two sod houses facing each
    other
and on one side the preacher Loola
was living.

And he himself was living in the other
    sod house;
it was at that time he became crazy.

He became crazy.

I saw him when he was first getting
    like that;
that's the only time I saw him.

I didn't see him when he was living
    entirely on his own.

Grandchild, the preacher Loola prayed
    on him, but
it didn't do any good.

Finally he just
prayed on him crying
and that way
he finally
got better and looked the same again.

I was there while he did that,
but my mother wouldn't let me go there.

I saw him only that first time.

From there we moved up and
spent the winter there.

We spent the whole winter there.

Gohch'it dee yi'eenji'
zhyaa chµµ tł'it hee t'ee
it'ee ree gwahahgǫ' nigwiindhat gwiizhik
    at'oohju' hee
han kiriinjil chy'aa.

Akwat ts'a'
dinjik tr'aahkhok aii vadhaa k'eerąąhtii
aii t'ee tr'ihchoo tr'ahahtsyaa ghan.

Aiits'a'
yi'eenji' hee
it'ee han gwinjik kiriinjil
it'ee ree adagwaraagǫ'.

Gwiizhik tr'ihchoo dhaa k'eegaahkaii
tr'ihchoo dhaa
heelyaa k'eegaahkaii dinjik dhah.

Aii
giidachan ahtsik ts'a'
it'ee dakwagiyahchaa.

Tły'aa haa giidi' jyaa digiyah'in.

Finally way up
at the headwaters,
when the snow started to melt, then
we started going to the river.

And
whenever we killed a moose we kept
    the skin
so we could make a skin boat with it.

And then
way up that way
we went down to the river
to spend the spring there, waiting for
    break-up.

During that time they sewed the boat cover,
they sewed the moosehides
for a boat cover.

They made
that frame and
covered it with the skins.

They tied it around the top edge.

63

It'ee jyaa dinchy'aa ts'a'
izhik it'ee
łyaa ihtsii kwaa ree.

Akwat nihts'eegiinjil
zhyaa ree
Tł'oo K'at garahnyaa ree
dinjii gwanlįį.

Vadzaih lęįį tr'aahkhwąįį łii.

Zheegwaghoo haa
zhyaa ree gwigwiltłoo.

It'ee Tł'oo K'at gagahnyaa Old Crow
    gehnjit hee.

Aii gwats'at chan nihts'eerinjil
izhik gwanaa Old Crow gwanlįį kwaa
    t'oonchy'aa.

Aii gwats'an nihts'eerinjil ts'a'
New Rampart gagahnyaa
izhik chan kwaiik'it gwanlįį kwaa.

Aii
gehdit Old Rampart gagahnyaa
izhik t'ee at'oohju' hee kwaiik'it
    gwanlįį łii.

It was like that
when
I was not very big.
Then they boated down
just
to the place called Tł'oo K'at,
and there were a lot of people there.

They were killing a lot of caribou.

There were round houses,
all of them patched.

The place called Tł'oo K'at is past Old
    Crow.

From there we moved downriver,
but at that time Old Crow wasn't
    built yet.

From there we continued down and
arrived at the place called New Rampart;
there was no village there then.

And
down at what they call Old Rampart
there was already a village at that time.

64

Dinjii gwanlįį
ginkhii khehkwaii haa tthak
t'inchy'aa łii.

Akwat ts'a' izhik
it'ee ni'ęę
gaahts'it
neegwiinky'uu ts'a'
izhik t'ee shoondee Robert
tth'aii diihaa dhidii
Erick chan.

Vijuu gwanaa hee
gohju' hee dineełee gahaajil t'iginchy'aa.

Akwat ts'a' it'ee gintsii gwiizhik ree.

Izhik t'agwaihnyaa łyaa ihtsal gwiizhik
    geegwaldak t'iihnyaa gwinzįį ganaldaii.

Akwat ts'a'
aii gwats'a' tr'ineegwiidhat hee
yee'at
chan ree t'inchy'aa hee ndak ts'a' chan ree
tr'ahaandii.

Izhik chan ree
Łindee'aahti' gwinyaa deenaadąį'
aii chan ree nał'ya'.

Aiits'a' ni'ęę shachaa shats'ąįį aii t'ee
    yantł'ahkhaa t'ee.

Aiits'a' nikheełee rahoondii
shachaa gwintł'oo itree łii.

Aii shitsii
aii tr'iinin
vintł'eerahchįį chy'aa ree
aii haa ni'ęę tąįį nineehozhii.

Ni'ęę nitł'eeneeyąhchįį.

Akwat aii gwats'at yee'at
chan t'irinchy'aa tł'ee chan dzaa
chan ree.

T'ee dzaa geełeerihijyaa dzaa.

A lot of people were there,
preacher, chief, all of them
were there.

And then there
my mother
decided
to spend the fall and
my older brother Robert
was still living with us,
and Erick also.

Later on
they finally left us.

When they were big they left us.

I was small at the time I'm talking about,
    but I can remember it well.

Later,
as time went on,
we moved
over there
to another place.

There too
I saw the man
they called Łindee'aahti' long ago.

My mother gave my younger brother to him.

And then we moved away;
my brother cried a lot.

We gave
the child
to my grandfather once,
but he brought him back.

He gave him back to my mother.

Then from there
we moved on and stayed another place,
and also here at this place.

We never really stayed away from
    this place.

11 Traveling around Graphite; curing by a medicine man

This account probably is set north of Graphite Point. During a winter trapping expedition, Belle and her family found a natural petroleum deposit. Belle dates this account by the death of a man named Anaazhrii (a Gwich'in version of "Henry") in Arctic Village. There were at least two men of this name around at that time, one of them the father of Elijah Henry. That winter Belle became ill and was treated by Roderick, the son of Ch'eeghwalti' (see text 4). Joe Herbert's brother John was married to Roderick's daughter, so Belle was related to Roderick by marriage. The kin terms she uses for Roderick and his wife are respect terms, *shee'ii* 'my mother's brother' and *shitsuu* 'my grandmother.'

Gwich'in medicine men got their power through spirit helpers who appeared to them in dreams, hence the expression *vah di'įį* 'he has a dream (i.e. a spirit helper)'; the word *gininlyaa* refers specifically to the dreaming of a shaman. Usually these spirits were animals or birds; apparently Roderick's helper was a bumblebee. Although many medicine men were feared because of their power to do harm, it seems that Roderick was only interested in helping people.

Khaii yeendak hidhiijil.	In the winter we went up-country.
Aii oondee	Up there
ddhah taa gweedįį	on the other side of the mountain
izhik	there's
oozhee van tsal vee hee	a little lake, and beside it
zhee goo'ąįį.	there's a house.
Aii t'ee	Then
yaaghat nitii	your father's brother,
John Herbert	John Herbert's
vidinji'	son
Paul Herbert	Paul Herbert,
aii nitii yi'eedee t'inchy'aa	your uncle was living way up there,
jyuhts'ąįį k'i'eendak	and up along that way
tąįį gogwahtsii.	they were making a trail.
Izhik	There
tąįį gwigwiłtsąįį	they made the trail
khyah t'arah'in	and they trapped;
akwat ts'a' vaa hoiizhii.	and I went with him.
Van oodee van tsal vaihnyaa	And the lake I was talking about,
aii	on it
vakak zhaa	was snow,
vikeerahaachy'aa eenjit vakak zhaa tr'oonjik.	and we took the snow to cook with.

Akhai'
chųų daak'a'
jat zhyaa ree
kwat ts'a'
aii
akhaneeroonyaa neeraanjaa ts'a'
chan t'ineerinlik
chan nihk'it t'iichy'aa.

It'ee van
chųų daak'a'
t'inchy'aa łii.

Akwat ree
ch'adan hee zhaa neeroonjik.

Izhik
yi'eendak hee zhyaa
ndak ts'a' chan neerihiidal
ts'a' gohch'it oonaa neegohoojil gwich'in.

Shigii chan
akwat yaa shaghoii
choh haa ree.

Oondee
ddhah taa gweedii gehndee
it'ee łyaa ddhah choo
izhik gwa'an
ants'a'
ddhah taa hidhii'oo.

Akhai' zhyaa ch'atral neech'ąh'ee
yaaghok googaa gweech'in kwaa.

Gohch'it zhyaa ree geełeehidhii'oo.

Aiits'a'
oonaa neehidhii'oo ts'a' ree
googwandak goodlit łii.

Aiits'a' t'ee Marshal
shachaa Paul haa
oondak nagaa'oo.

Tł'ee khaii ree
aaa!

Akwat ree
neegwilgǫ'
tł'ee ree
it'ee zhat Marshal gwąąh'ya'

Then
it was just nasty,
like coal oil,
so then
we
dumped it and got more but
when we melted that,
it was just the same again.

That lake
seemed just like
coal oil.

So
we got snow from another place.

Then
from that place up-country
we kept moving on from place to place
and finally we came back down, I think.

My son too,
and also
my big brother-in-law.

Up there
on the other side of the mountain,
a really big mountain,
around there
over to
the other side of the mountain we went.

But it was very foggy,
so that we couldn't even see around us.

Finally we just left.

And then
we started back down and
the news of it got around.

So the Marshall
and my younger brother Paul
went up there.

Winter passed;
ah!

Then
the snow melted,
and after that
the Marshall went to see it,

68

khyy' ree nagantii
gehdee nan ts'an khaiitł'it yahnyaa
    giyahnyaa
aii coal oil.

Shitseii yaa videek'it gwanlii
t'oonchy'aa ginyaa ts'a' łyaa coal oil
    geegoolii t'inchy'aa yeendit.

Akwat ts'a' ree
gik'igwahaandal gwahaatsyaa geenjit
gwihiltsąįį geegwahooldak t'iihnyaa.

Akwat ts'a' ree
it'ee ree
Marshal adąhzhrii zhat chan nidhizhii
    akwat ree.

Yaa Paul Solomon yaa k'idik.

Oonaa neegii'oo ts'a'
nan datthak
t'inchy'aa yahnyaa
yahnyaa.

Akwat ts'a'
chan shin gwiindhat roo.
Shin gwiizhik tr'agwąąh'in
ji' gwiheezyaa
it'ee
izhik jyaa digwiizhik ts'a' t'ee shin
    gwiindhat.

Aiits'a' khaiits'a'
naraazhrii
gwiizhik
goo'ąįį
izhik naraazhrii goo'ąįį gwiizhik chan hee
shin kak gwanlįį googaa it'ee zhyaa ii'al
    haa gwits'eehidhii'oo.

Akhai' shigii nakhwaa haazhii.

Nakhwaa haazhii ts'a'
dinzhee gwats'a'
k'iindak ts'ąįį tr'ahaajil.

Akwat ts'a' jyahts'ąįį
ts'ąįį Joe Ward vatąįį.

Aii,
aii ts'an yi'eedak hee ts'a' jyahts'a'
    tr'ahaajil.

but he searched for it in vain;
he said it must have seeped
    out of the ground,
that coal oil.

Grandchild, it seems that is the place
they're talking about where they expect
    to find coal oil.

And then
people were trying to find out about it,
that's what I'm telling about.

At that time
then
only the Marshall himself went there.

Paul Solomon came with him.

When they came back,
he said it was
all over the ground,
so he said.

At that time
the summer was over.
If they had seen it in summertime,
it would have been better,
but
when they did it, summer was over.

Then in the fall
when it was hunting
season,
then
when it was hunting season,
it was still summer, but even so we
    went back on foot.

And my son went with us.

He went with us and
we traveled straight
to our house.

And on this side
was Joe Ward's trail.

Then
from there we traveled far up-country.

Akhai' ree
gwak'at deeraajil.

Ts'a' dak ts'a'
k'ǫǫ k'iidaa gwiin'ee gwaghai' dak tr'eedaa
   tǫǫ hee.

Aaa! shitseii
it'ee
tr'iheehaa
nigwiindhat gwiizhik
nihkhan'oo.

Aaa! łąįį vagwaahtł'oo neekwąįį
ree nihts'įį gavoodhiinjik
gwiizhik jyaa digii'in.

Aaa! ch'aadoo,
ch'aadoo łąą deenaadąį' ch'ahk'ii oo'ok
deeneeyahahchik gwinyaa
gwik'it łąą łąįį nąįį
dehthat googaa neeshagahahchik
googaa giviinjik kwaa.

Gwiizhik it'ee tǫǫ nagwaanąįį.

Aaa!

Yaaghok googaa gweech'in kwaa.

Ninghuk hee jeiinchy'aa gohch'it shigii
   shak'at deeneehozhii.

Akhai' ree
tǫǫ gwanlįį ts'a' ch'eegiyiłk'ee łii.

Akwat ts'a' diti'
ts'eehoozhii ts'a' izhik
tr'ąąhaa.

Akwat chan hee neehoozhii
it'ee yeedee chųų daak'a' tr'ahaa'yaa
gwik'ee gwiriheendaii ghan.

Akwat yeenjit
Graphite gehdee van choo
k'iidąą ddhah nin'ee juhts'ąįį van choo
   dha'ąįį.

Aii dak naa'ai' k'i'eedak gweedįį.

Izhik hee
gwiizhik yaa nitsii ree
łyaa gavaa goodhaii haaljyaa
nitsii zhyaa vigwitr'it goodlit t'ee.

Then
we approached a place.

Up there
a little creek came down, and we passed
   it in the darkness.

Ah! grandchild,
then
we were going to camp
when we encountered
a bull and cow moose mating.

Ah! we had two strong dogs
and I grabbed one in each hand
while they did like this (gestures).

Ah! they shot
and they shot, just like they used to signal
   in the old days,
making a great noise,
while those dogs
dragged me right off my feet,
but I never let go of them.

Meanwhile it turned dark.

Ah!

We couldn't even see close by.

After a long time my son came back.

But
it was too dark and they had missed.

So then
he went back to his father and
we made camp.

He left again
to try and see
if he could find the coal oil place.

Up there
back of Graphite is a big lake,
on the side where the mountain ridge
   comes down.

At the end of the lake
the trail goes up.

And while
we were there, your grandfather
said it looks like I'll be stuck with them,
so your grandfather just got busy.

Zhyaa khan hee
zhyaa ree gwaakwaa ts'a' ninghit
　　gwats'a' rahaajil.

Akwat zhyaa ree nihkheerihęędaa gwiłtsąįį.

It'ee nihkheeriinjil ts'a' zhik van choo
　　vaihnyaa
aii dak naa'ai'
zhyaa juhts'ąįį hee neeriijil.

Vik'eevee
aiits'a' gohch'it
yaaghat Graphite gehdit
yi'eedi'
jyaa doonchy'aa izhik
deetthan
chan tąįh nin'ee izhik k'inidik nitsii.

It'ee izhik chan naahaa.

Aaa!

He just decided
it was no use for us to go that far.

So he had us turn back.

Then we turned back to that big lake
　　I mentioned,
and at its end
we came to rest.

We went around its shore
and finally
there past Graphite
up that way
the way it is there,
up the slope
is a little hill, and there your grandfather
　　stopped.

He camped right there.

Ah!

Aiits'a' aii teedik
yeedihjyaa ts'ąįį
chan te'ehjik gwinjyaa
aii dįįnaa'ai' izhik it'ee tąįh kiin'ee izhik
    t'ee [inaudible] gagahnyaa
izhik
dįįnaa'ai' izhik teedik łąą kiriinjil.

Aiits'a'
it'ee tǫǫ goo'ąįį ts'a'
izhik chan ree tr'ąąhaa.

Aaa!

Gwintł'oo ahshii
zhah choo neech'ee'aa tłik.

Akhai' chan ree
shreedaraazhik
vikeeriilchy'aa tł'ee ree neerahoojil.

Neereedaa
aiits'a' teedik
needyaa ts'a'
gohch'it zhyaa ree dinzhee gęhdee chy'aa
    zhyaa ree k'iidąą ree zhyaa ree
    kineediizhii.

Now a long slough
goes alongside the river
and the slough
goes up to that hill they call (inaudible),
and there
we came out beside the river.

Then
it was dark so
we camped there.

Ah!

It really snowed hard,
and the snow was slushy.

Despite that
we got our things ready,
cooked, and then left.

We were walking along
then beside the river
and he was walking ahead, and
finally he came out right in view of
    our house.

72

Akwat ts'a' aii tł'oo
kak gwachoo goo'ąįį chy'aa gwak'aa k'iidąą
ree it'ee dinzhee
gwak'at deeneeraajil.

Aaa! shitseii.
Ineeshizhii chy'aa ts'a'
hee shaa nigwidiin'in.

Akwat ts'a'
Joe Ward shigii haa launch oodi' gihiłłit łii.
Doctor eenjit t'igii'in
akhai'
shalak nał'in ji' sheenjit gwiheezyaa jyaa
    nyaa yahnyaa.
Aiits'a' nitsii
t'ee
shaa nihts'ee neetr'ihchoo'ąhłit.
Izhik khaii tthak yits'i' oodi' kogwił'ąįį.

Aaa! shitseii, gwintsal niinghuk
    k'eedhishizhii t'oonchy'aa.
Oodit
teeshiłchįį ts'a' nji' ts'a' Yukon
chan
vadzaih keehaazhii.
Aii shoondee Esaias aii nąįį haa t'ii'in.
Aaa! shitseii, vadzaih łęįį diłkhwąįį.

Akwat
yaaghat
chan dehtsii gaa shi'ii roo.
Aii dehtsii zhit zhyaa ree vadzaih deedąą'aii.
Gwizhinlii łii ts'a' it'ee chan yeenji'
    neehoozhii.
Gwiizhik it'ee yee'at gwits'eehoozhii.

Aiits'a'
Esau William chan shak'ąąhtii
John Fredson vanandaii aii chan neekwąįį
    shak'ąąhtii gwiłtsąįį.
Gwiizhik t'ee shigii niveh dinjii tr'iłtsąįį
aii it'ee shriit'ahtsii
jyaa dąhtsii roo.

Then, where there is
a big meadow we arrived,
and we went up
to our house.

Ah! grandchild.
We got home and
that's all I remember.

After that
Joe Ward and my son took the launch
    down river.
They went down for the doctor
but
he said "I want to see my friend."
So your grandfather
then
took me down in a boat.
He stayed away from home all that winter
    down there.
Ah! grandchild, I walked a long way.
Southward
he took me and then up the Yukon
also
to hunt caribou.
He went with my older brother
    Esaias and his people.
Ah! grandchild, he killed a lot of caribou.

And
there
I even had a platform cache.
That cache was just full of caribou.
He put it in there and after that he
    went over to our home.
Then he came back over.

And then
Esau Williams was taking care of me,
and John Fredson, you know him, he
    told the two of them to take care of me.
Meanwhile my son became a soldier;
he was already rather
big at that time.

Aiits'a' aii
izhik dạị' it'ee
yeendee Neets'it Gwich'in tee Anaazhrii
   gwinyaa gwiintth'ak
aii izhik dạị' t'ee
vakwaa.

Aaa! shitseii
gohch'it
khaii datthak
gwitł'ee t'ee neegwiighyaa tł'ee gwats'a'
   tthak zhat t'ihchy'aa.

Akwat ts'a' t'ee
Roderick gwinyaa gwiintth'ak aii łyaa
   dịhch'i' dazhan t'arahnyaa.

Dịhch'i' dazhan choo nilịị.

Aii vitr'injaa t'ee yee'at, yeedi'
Mary Tsoo gwinyaa gwiintth'ak aii
   vaanoodlit yeedhidii aii yee'at diinahkak
   gehdit gwidịị gwich'ii.

Aii haa neehoozhii łii shitsuu aii
Roderick vitr'injaa.

Aiits'a' drin tsal ts'a' nigwiindhat gwiizhik
   ree
k'eenidik łii.

Yaagha'
William Salmon chan vaanandaii shoondee.

Vijuu Eliza
chan vaanandaii
aii t'ee vakạị' haa gwich'ii.

Aiits'a' shitsuu k'eenidik łii
it'ee ch'ijuk shigweech'in łii t'ee.

Aiits'a' noonlyaa zhak shagwahtthaa
łii
gwiizhik yee k'inidik
łii. Shitsuu ree
k'eenidik łii
aii shitsuu ree
k'eenidik łii ts'a' t'ee sheejii haa shats'a'
   gahaa'oo łii.

Aiits'a' shaa gaadii ts'a'
"Shitseii,

At that time
then
up around Arctic Village a man called
   Anaazhrii, you heard of him,
around that time
he died.

Ah! grandchild,
finally
I stayed there all winter
until it got warm, all that time I was
   like that.

Well now,
you've heard about Roderick; he was
   really a strong medicine man.

He was a big medicine man.

And his wife was down there below us,
they called her Mary Tsoo, you know,
   she married a white man, and she lived
   down there below us.

It seems Roderick's wife
had left with her.

And just before Christmas,
she came back.

Now that
William Salmon, you know him, he's
   my older brother.

His older sister Eliza,
you know her too,
she stayed with Roderick.

When my grandmother came back,
I guess I didn't look too good to her.

I was really going down,
I guess,
when she arrived.
My grandmother
came back,
my grandmother
came back and then she came down to see
   me with my older sister.

They were visiting with me and
"Grandchild,

74

oondaa nakhwaa neiindii," ree shahnyaa.

It'ee dakąį' sheenjit ts'a' ginkhe' łii t'ee.

Aiitł'ee
łyaa neeshraałchy'aa googaa oondaa vaa
    hoiizhii.

Aiits'a'
oondaa k'eihdik shee'ii ree.

Shee'ii ts'a' nashagąąhchįį.

Sheenjit gwitr'it t'agwahah'yaa
    gaashagąhdaii.

Izhik
oondaa
tth'aii gavaa nihdyaa teetł'an gwandaa
    zhyaa it'ee
"Shitseii
nee'ii zhyaa
nee'ii jyaa danahah'yaa,"
t'igwinyaa ree shahnyaa.

Kwat ts'a' łyaa ree geet'įįhthan kwaa.

Geet'įįhthan kwaa ts'a' ree
it'ee googaa vaa hoiizhii.

Aiits'a'
vats'a' niizhii.

"Vats'a' hinhaii," shagahnyaa ts'a' t'ee
gwik'it t'ishi'in.

Aiits'a' ree
ginkhii googaa kwaa.

Aiits'a'
"Shee'ii
Christian inlįį
shant'ee gwik'it t'ihchy'aa.

Łi'haa oots'it kwaa haa shats'a' tr'ihiindal
    ji' gwizhrii gwik'it t'igwihee'yaa," vaihnyaa.

Aaha'
nyaa.

Aiits'a'

come back with us," she said to me.

She apparently had talked with her
    husband about me.

After that
I was really doing poorly, but went up
    anyway.

And then
I arrived at my uncle's house.

They took me to my uncle.

They let me know he was going to
    work on me.

On the way
up there,
when we had gone about halfway,
"Grandchild,
your mother's brother,
your mother's brother is going to treat
    you,"
she said to me.

Well, I didn't like the idea.

I didn't like it but
I went with them.

And then
I came to him.

"Go to him," they told me, and so
I did it.

And then
he didn't even talk.

Then,
"My uncle,
you are a Christian,
and I am the same.

If you are really and truly going to
    cure me, let it be so," I said to him.

"Yes,"
he said.

Then

75

zhyaa ree
ch'iheelyaa ts'a'
gohłii t'ashahah'yaa t'iginyaa yiihthan.

Akwat ts'a' t'ashahnyaa
"Vah ishi'įį łaa vaa ch'ijuk t'ishi'in kwaa,"
    yahnyaa.

"Ti'yąą zhrii vaa
ch'ijuk t'ishi'ya'," nyaa.

"Aiits'a' vah nizįį
di'įį nąįį łi'haa
gook'aa vaa daa'ąįį gwanlįį t'oonchy'aa."

Aii gwik'it t'inchy'aa k'it ree t'inyaa.

Akwat ts'a'
oodi'
shizhee gineegwał'ąįį ts'a' ree
gwintsal galdaii tł'ee noiichii.

Tr'iinin it'ee naachįį.

Gwiizhik zhyaa ree
ch'ęędzit choh
haahchik tth'ak
ch'ęędzit choh haahchik tth'ak ts'a'
vik'eedzii'ałtthaii.

Shitseii gwintł'oo shaa nagwaatsi'.

Yee'at k'ii'an chan zhyaa ree dinjii choh
zhyaa ree vakak ch'ęędzit ghoo
vakak doonchy'aa
aii k'it t'inchy'aa vakak tthak jyaa
    doonchy'aa.

Aaa!

Jidii zhyaa dzaa ts'ąįį haa kho'it diljik
    haa cheehoozhii.

Aiits'a' ree
it'ee ree
iichįį'.

Nihkaa vanh khan neeshahaan'yaa yuu
    shahnyaa roo.

Dhałts'ik t'inyaa googaa khan naal'ya'
chan hee ree shitsuu sheejii haa zhat gaadii.

I just
thought he would sing
and do something to me.

But he said to me,
"I have a dream, but I do no wrong
    with it.
Only my father,
I did wrong with him," he said.

"Now the ones who have
a very good dream
are strong in it, that is so."

He spoke as if he were like that.

So then
I went back down
to my own house and
after staying awake a little while,
    I fell asleep.

The child had gone to sleep already.

Meanwhile,
I heard the sound
of a big bumblebee,
I heard the noise of a bumblebee and
I heard it buzzing around.

My grandchild, a great vision
    appeared to me.

Right outside I saw a big man,
with the appearance of a bumblebee,
his outside was like that,
he was just like that all over him.

Ah!

He held something at his side with his
    hand, and thereupon he went outside.

And then
then
I slept.

He had told me to come back quickly
    the next morning.

Even though I was sick, I went back
    to him fast,
and my grandmother and my older sister
    were sitting there.

Aiits'a' ree
"Nik'ee k'eegwiichy'aa giky'anjik?"
jyaa chan ree shahnyaa.

"Zhyaa ree khanoiichįį zhyaa ree
   ch'ęędzit ghoo
choo ree zhyaa
haahchik.

Yee'at k'ii'an chan dinjii choo nilįį ts'a'
   cheehoozhii vakak tthak kwat zhyaa
   ch'ęędzit ghoo
kak doonchy'aa gwik'it t'inchy'aa jidii dee
   haa kho'it diljik haa cheehoozhii," jyaa
   ree jihnyaa.

"Haa!
Zhyaa anazhan gwich'in yuu" jyaa shahnyaa

"Aii zhyaa
dazhan choo nąįį gaa
vaa ts'a' tr'ihjii googaa duuyee
giiky'anjii aii chan iky'aanjik."
Jyaa ree zhyaa shahnyaa.

Shitseii
gwintł'oo
khaiinjich'igwiidhat shats'an gwanlįį.

Zhyaa gwats'at ree
K'eegwaadhat t'aii zhik shaa daatth'aa.

Tr'iinin shats'an tr'agwahkhit dąį'
   shatthal
shats'at dhaa haa ładąąhzhį'
aii nihghoo khot'aii aii teet'įį tr'iinin
   gikidhatthaii łeegwiłch'aa
ginyaa doctor nąįį
aiits'a' aii gwizhit khaiinjich'ashadhat.

Aii jyaa dishinlik gwats'an k'eegwiichy'aa
neegwahaljii kwaa.

Gwintł'oo shee'ii gwileii
neeshraahchy'aa gwiizhik
vak'aa gwaa'ąįį
aii ree zhyaa dinjii yaghaih ninidik k'it
   t'ii'in dlok haa yaghaih ch'ahantik
   jyaa ree dii'in.

Aii jyaa diizhik gwiizhik t'ee vizhii
   k'igwaanąįį giyahnyaa t'inchy'aa.

So then,
"Did you find out anything?"
he just said to me.
"I was just going to bed when
there was a noise
of a big bumblebee.

Then it became a big man right outside
   there and what he had on made him
   look like a bumblebee;
he was holding onto something, I don't
   know what, and then he went outside,"
   I said to him.

"Haa!
You must be a medicine woman," he
   told me.
"With that thing
I have cured
a lot of big medicine men but
they haven't found out about it, and
   you have found out about it."
That's what he said to me.
Grandchild,
I was really
suffering a lot.
But from then on
the strength of the Lord was in me.
When I was in labor, my intestine
and my womb were connected,
so that the child tore me badly,
that's what the doctors said,
and so I was in very severe pain.

But since he treated me, nothing
has ever bothered me.
My uncle was very
poor, but
the power was on him;
when a man walked up to him, he just
   looked him up and down, smiling.
And when he did that, they say, he
   would faint.

Aaa! shitseii gwintł'oo
khaii
tthak
neeshraałchy'aa
googaa
it'ee shee'ii jyaa teeshiłthat
ts'a' it'ee gwintsal gwinghyaa gwiizhik it'ee
yee'at gwits'ee shihiłchįį.

Aits'a' jyaa dihchy'aa
łyaa doctor googaa naal'ya' kwaa ts'a' jyaa
    dihchy'aa. Sheenjit gwinzįį ts'a' gwizhrii
    t'ihchy'aa ts'a' tth'aii hee nihk'it.

K'eegwaadhat shits'inyaa aii ts'ąįį gwintł'oo
    shee'ii
jyaa dishinlik t'inchy'aa.

Aii t'ee shitsuu veh'an
it'eełee tth'aii gwihdaii gwiizhik chan lee
    shee'ii vigii shandaa chan neeshraahchy'aa
    gwilįį nyaa haa deenyaa li'.

Aaa!
Gwintł'oo
neeshraałchy'aa gwiizhik
shitsuu shintsąį' chy'aa.

Akwat t'ee shitseii gwintł'oo
than hee kheegwitr'it t'agwal'in.

Khaiinji' adach'adooldhat googaa łąą ree
    gwinzįį ganaldaii kwaa gwiizhik zhyaa ree
    nakhwalak gwandak ts'a' shah'ee ts'a'.

It'ee ree
jyaa dagwąhtsii ree
gwaldak
ako'.

Ah! grandchild, really
all
winter
I was poor,
but
my uncle treated me
and when it got a little warmer,
he took me back home.

And just as I am now,
even though I didn't see a doctor, I'm
    this way. I was fine, and I'm still
    just like that.

The Lord helped me, and also my uncle
treated me that way.

So because of my grandmother
I am still alive; she didn't want to see
    a child of her uncle's family suffer.

Ah!
I was really
in bad shape but
my grandmother wouldn't let me go.

Now, grandchild, I was working all by
    myself.

I went through a lot of suffering, but I
    really don't remember well; but our
    friend told me to tell the story.

Now
that's all
I'm going to tell
for now.

12 Burial customs

Belle talks about several ways the dead were treated before missionaries arrived. The elevated burials which were apparently most frequent in her youth came into practice after axes became available (McKennan 1965:60). The coffins she describes were made of split logs lashed together with rawhide and elevated on posts. She mentions the beads buried with the dead in this manner; there are a number of stories from different parts of Alaska that mention the danger of taking burial offerings, so apparently it was a temptation to children wherever such burials were made. Belle says that cremation started after elevated burial and before interment; according to McKennan and Osgood, cremation was an infrequent practice and a mark of honor to the dead. In fact, interment had always been practiced in Gwich'in country, even before the elevated burial, as archaeologists have discovered; but in ancient times the dead were not buried in coffins.

Belle says that modern-style burial started around the time she was born, and that Charley Crow's mother was the first to have a Christian funeral. Charley Crow must have been born around 1850. At the same time, missionaries began to discourage people from making extreme displays of mourning, no doubt because the Christian religion teaches that the dead go on to a better existence and that people should accept death. Many traditional Native social patterns which missionaries considered alien to their own culture, such as mourning displays and the potlatch, were thus discouraged.

Dachan tyąą tr'ahtsii	They made a coffin
dzaa	here
jyaa dinchy'aa.	like this.
Akwat ree	Well,
dzaa vats'at	here on the bottom
dzaa chan	and here
datthak	all
dachan k'iizhaa	the sticks went up,
dachan dǫǫ hee t'arah'in yi'eedak hee zheet'ach'arahtthak.	there were four sticks, one at each corner.
Aii t'ee zheet'ach'arahtthak ts'a'	Then they tied them together and
vitsįį nihts'įį ree	where they came to a point
tły'aa haa t'agayah'in	they bound it with rope,
dohłįį jidii haa	I suppose, what else
t'igiyahah'yaa gǫǫ.	would they use?
Akwat	Now
dachan tyąą jyaa dirinlik łii yeendaa	they made coffins like that down there
jyaa dinchy'aa tth'aii	over that way, when
theetanląįį kwaa dąį' it'ee	there was no water there yet,
gwats'an ihłįį t'oonchy'aa.	while I was alive.
Ch'ivin tły'ah t'eegąąhchy'aa.	They used a skin rope.

Aadzii ree
dǫǫ dilii ts'a'
tr'ąąhtły'aa.

Geetak hee five
geetak hee six
dohchyaa tr'oonyaa gwik'it
tr'ąąhtły'aa.

Aii haa
nints'a' giyeełihteech'ąąhtł'uk.

Oondaa
aii dachan tyąą aii chan dachan haa nihts'įį
diheechaa chan vataant'aii ts'a'
oodak
ninghit hee roo.

Yeendok dee'an jidii t'inchy'aa
łyaa gwidheetaa ninghit ts'at
izhik gwanaa gwats'at t'ihchy'aa.

Akwat ts'a' izhik
łąą teetł'an hee t'ee jyaa dinch'ii nan kak
    naatth'at łii t'ee.

They took four
strands of caribou skin
and braided them.

Or sometimes five,
or sometimes six,
depending on how wide
they wanted to braid it.

With that
they would tie on a crosspiece.

Across
the coffin at each end of the crosspiece
was tied a long cord, with which
they could hang it
up high.

It was up over there,
quite far across the water,
during my lifetime.

And apparently
there is one there that fell to the ground.

80

Vakak
vizhit zhyaa naagąįį choh giltan
   vatł'an naa'ai'.

Aii
vazhraih dįį
khaii
ts'ik
khanaat'aii
aii haa tr'an'yuu tr'iinin tr'inlii ts'a'
naagąįį
ił tr'inghan aii diiyehghan nitł'ineeraazhik.

Akhai' oondaa neegiihaatłak.

Izhik t'ee dachan tyąą vizhee
   t'ach'arąhtthaii naatth'at łii nał'yą'.

Akwat ts'a' t'ee chan
dinjii tr'ahk'an
gwizhrii ts'a' vizhee t'ach'arahtthak
nan zhit hee akwaa.

On top
inside it was half full of beads.

Those
narrow
roots
hanging down from the bank—
we took them when we were kids and
made strings of beads
and gave them to our parents.

And they threw them in the river.

That's when I saw that kind of coffin.

And later
they burned bodies;
they didn't yet bury them
in the ground.

Aii gwizhrii ree gaashandaii.

Khałuugikyaa ts'a'
dinjii gwizhit gahchik izhik gaagiindaii
    kwaa ts'a'
jyaa digii'in.

Shigwiheelyaa gwats'a'
ninghit kwaa gwiizhik it'ee.

Shitseii Esau William
juk nah'in
aii vahan
t'ee shitsiindaa oozhii.

Aii vahan
gwandaii ndaa hąą'aa izhik it'ee nan zhit
dinjii tr'ahchik t'oonchy'aa.

Izhik gwats'an vahan
ndaa ree vahan niindhat
vahan aii vahan aii t'ee shaaghan Ch'ighik
    Gwadhaa oozhii.

Aii niindhat
niheedhaa gwats'a' ree Charley Crow vahan
aii vanarąąhjik vak'aa tr'iginkhe'.

Aii gwats'an it'ee dinjii nan zhit rahchik
    t'oonchy'aa.

Aii ree
vitsuu gwandaii vandaa anarąąhjik
    t'inchy'aa vahan.

Esau
William
łyaa ninghit gwats'an t'inchy'aa
jyaa doonchy'aa t'oonchy'aa.

Shitseii izhik t'ee
gwintł'oo gogwaahk'ik
digiki' gikhyąą ts'a' kǫ'
k'aa neegihiidal.

Kǫ' k'at niłaraanyaa
haa niłiriighan k'it t'igwii'in gwinyaa.

Aii
ginkhii
gwits'eech'ee'yaa haa jyaa digwii'in kwaa
    goodlit t'oonchy'aa.

That's all I know.

They didn't know how
to dig a grave and put a body in it,
that's why they did that.

Just before I was born
they were doing that.

My grandchild Esau William
that you see now,
his mother
was named Shitsiindaa.

And his mother
was living, and when she died
they started burying people in the ground.

His mother's mother was there
when his mother died;
his mother's mother was named Ch'ighik
    Gwadhaa.

Before she died
Charley Crow's mother died,
and they had a funeral for her, which
    they had never done before.

From that time on they buried people.

Now
his grandmother
was living when they buried his mother.

Esau
Williams
has lived a very long time,
it is like that.

Grandchild, then
they built a big fire
and burned their hair,
and people went into the fire.

They held each other back from the fire,
it was just as if they were fighting.

Those
missionaries
prevented them from doing that, and they
    stopped.

Gwintł'oo dinjii khaiinji' nała'aajik gwinyaa
  t'oonchy'aa jyaa digii'in aii haa.

Aii
yaaghat
Old Crow
vijuu gwi'ee t'igii'in gwich'in.

Aii nee'ii Charley
t'ee vanandaii roo
aii vahan t'ee vak'aa girinkhe' hagaa
ts'a' vanaṟąąhjik gwinyaa t'oonchy'aa.

Łyaa ninghit kwaa hęę
yaaghat Esau
vahan
aii gwats'an
sheek'aii Fannie vaanandaii
aii dink'ighit gwiizhik it'ee aii shaaghan
  Ch'ighik Gwadhaa vaihnyaa ijii.

Charley Crow vahan aii vahan t'aihnyaa.

Aii
niindhat
łuh zhit
rąhchįį ts'a' vak'aa girinkhe' gwinyaa.

Akwat ts'a'
izhik gwiizhik it'ee
Fannie chan
aii
shaaghan
viyeets'a' k'aa girinkhe' ts'a' viyeets'i'
ch'ihłak kit nilįį t'ee
yaaghat
deenaadąį' chan
Shahnyaati' vijuu
aii
vigii ch'ihłak t'ee yuunjik łii
sheek'aii Fannie.

It'ee
aii t'ee William Ch'atthaiindee oozhii.

Vijuu aii niindhat
aii nan zhit gąhchįį.

People really suffered from doing that,
  they say.

It was
over there
at Old Crow
where they did that, I think.

Your uncle Charley,
you know him,
his mother had a funeral
and was buried in the ground.

Not very long ago
that Esau's
mother's
daughter,
my aunt Fannie, you remember her,
while she was growing up, there was
  that old lady Ch'ighik Gwadhaa I
  mentioned.

Charley Crow's mother's mother is the one
  I'm talking about.

She
died
and they buried her
and preached over her.

Then
also at that time
Fannie too,
that
old lady's
firstborn daughter was buried with a
  funeral
in the same place, and
then
a long time ago too
Shahnyaati''s younger sister,
her
son married
my aunt Fannie.

Now
his name was William Ch'atthaiindee.

His younger sister died
and they buried her.

Akwat ts'a' aii
Vats'a' Khehkwaii oozhii.

Shaaghan Ch'ighik Gwadhaa viyeets'i' kit
aii t'ee
Shahnyaati' vigii
ch'ihłee yuunjik.

Akwat aii
shee'ii aii yeedi' teetsii nihts'eenzhii
    akhai' izhik hee
vakwaa.

Aiits'a' chan sheek'aii Fannie chan yee'at
    nich'it viti'
Peter
aii viti' Viiluu oozhii chan neeyuunjik
Fannie.

Aiits'a' Peter t'ee vagoodlit aii gii
    t'inchy'aa yee'at.

Akwat tł'ee chan hee shoondee Ginnis
    neeyuunjik nahąą.

Gwadatthak jyaa doonchy'aa gwaatth'aa
    ts'a' ree.

It'ee
gwats'an t'ee dinjii neegahk'an kwaa.

Aii shitsuu
Ch'ighik Gwadhaa viyeets'i' vanarąąhjik
    vak'aa girinkhe'
aii gwats'at t'ee dinjii neegahk'an kwaa.

Dinjii haa dachan tyąą deerichik chan kwaa.

Gwintł'oo tr'iinin ihłįį hee dinjii igwiinjii
    hee dinjii vadrąįį t'igwii'in kwaa googaa
    ree
treeghyaa dha'ąįį t'igwinyaa roo.

Juk ji' zhyaa ree idigihideeghaa dǫhłii.

Zhyaa ree dinjii tr'aghan ts'a' jyaa
    digwii'in roo.

Izhik gwanaa duuyee dinjii ninghit
    t'igwinyaa.

And
her name was Vats'a' Khehkwaii.

Old lady Ch'ighik Gwadhaa's oldest
    daughter
then
married one of
Shahnyaati''s sons.

Then
my uncle traveled downriver but
he died there.

And then my aunt Fannie married Viiluu,
and they had a son,
Peter,
who is the father of that young woman
    over there.

After Fannie got married Peter was born,
    and the young woman over there is
    Peter's daughter.

Later she got married again to my
    older brother Ginnis, you see.

And so the years passed by as these
    things were done.

Then
from then on they didn't burn bodies
    any more.

My grandmother
Ch'ighik Gwadhaa's daughter was buried
    with a funeral,
and from then on they didn't burn bodies.

They didn't make elevated burials
    any more either.

When I was quite small, anytime someone
    got hurt, even people who had nothing
    to do with it
used to cry a lot.

If that happened now, I'll bet they'd
    kill themselves.

Nowadays people just kill each other.

In the old days people hardly ever
    died except of natural causes.

84

Zhyaa ree nin chiits'it hee nin gwandaii
   k'it t'iginchy'aa nats'aa.
Akwat jyahts'a' ree.

Akwat shitseii
khaiits'a'
gwizhrii
khehłan t'iginchy'aa aii t'ee dachaaval
   gaghan aih haa.
It'ee khaii
tthak dąhthee gwahahgǫ' gwats'a'
   tr'eenjyaa t'igwinyaa.
Akwat aii khaii it'ee gwiighyaa gwiizhik.

Aaa!
shitseii
łaa k'iindaa gwahgǫ' k'iindaa nagadal izhik
   t'ee dagwagwaagǫ' chan tr'ii tr'iheeghaa.

Akwat aii tr'ih gaghan gigiindak ts'a'
   gwitł'ee khaiits'a' neegwiheek'al
   gwats'a' tthak chan zhyaa.
Nats'ahts'a'
nin gwandaii k'it t'iginchy'aa nats'aa
   dee gahahts'ik
jyaa diginchy'aa gwaatth'aa
gwitsii dzaa tr'agwandaii t'oonchy'aa roo.
Zhyaa khik khehłan hee t'oonchy'aa ts'a'
   khagwitr'it t'aragwaa'in
gwintł'oo kwaa goodlit t'oonchy'aa.
Aaa! shitseii gwintł'oo
tr'injaa nąįį khaiinji'hojik t'oonchy'aa.
Shandaa googaa.
It'ee.

They lived as the animals do out there,
   how would they die?
That's the way it was.

Well, grandchild,
in the fall
was the only time
they stayed in one place, to make
   toboggans and snowshoes.
Then in winter
until the spring thaw, people moved around
   all the time.
All winter long until it got warm.

Ah!
grandchild,
they walked around all winter until it
   was time to camp for break-up and make
   canoes.
After they made the canoes, they canoed
   around until fall time.

How was it,
they lived as the animals do, how would
   they get sick;
that's the way it was, but
today we live here on the point.
We just stay in one place and work
   for ourselves,
we don't do much any more.
Ah! grandchild,
women really suffered a lot then.
Even during my lifetime.
Now.

Chalkyitsik on the Black River, 1981, looking toward the mountains to the northeast. The school is to the left and the village in the center, with Belle's cabin (hidden in this photograph) situated at lower right, at the edge of the village. The slough appears in the center foreground.

An unidentified group photographed along
the Porcupine River.

The seated man holding the child is Joe Herbert; Belle stands at left center.

Traders on the Porcupine, perhaps at New Rampart.

Belle and Joe Herbert.

An unidentified group, photographed either at the mouth of the Salmon Trout
River or at Rampart House.

Belle's older brother Erick (top center); David Wallis (top right); Joe Herbert (bottom left); and John Herbert (bottom center).

Sam and Jenny Herbert and their sons John and Joe; Belle identified the little girl as Percy's daughter.

Chalkyitsik, early morning.

Belle Herbert's cabin in Chalkyitsik.

A cache in Chalkyitsik.

Belle's home.

Belle at home.

13 Skin-tanning, rabbit-snaring, and old-time cooking

The skin-tanning tools are illustrated in the book *How I Tan Hides* by Katherine Peter (ANLC, 1980). The houses Belle is talking about in this account are the big skin-covered lodges which were usually inhabited by two families (hence the expression "opposite each other"), often an older couple and their daughter and her husband. Sod houses were also built. Belle goes on to tell about rabbit-snaring, an important way children and women contributed to the family food supply, and about how rabbits and other meat were cooked without pots.

Aii ch'adhaa giitįį shrigwilik giyahtthaii
aiitł'ee t'ee ch'anghwaa haa zhrii.

Ch'agahdzii kwaa shrii choo kwaa
nats'aa dee.

Ch'anghwah haa
jyaa digii'in ts'a' vadzaih dhaa
aii zhyaa jeiinchy'aa dazhoo ts'a'
giyahkhii.

Shant'ee googaa dazhoo ałkhii
t'oonchy'aa roo.

Kwat jyaa digii'in aiits'a' shrii choo goodlit
gwats'an t'ee ch'adhaa tr'ahdzii ts'a'
jyaa ree digwii'in
ts'a' vitii googaa chan ree jyaa daragwah'in
haa vitįį tthak shririgwilii roo.

Gwehkįį t'ee ch'angwal ree
nehtthaa tr'ahtsii aii zhrii.

Akwat ts'a'
jidii shrii
varahnyaa ree izhik gwanaa gwanlįį.

Deeddhoo gwich'in t'agahnyaa.

Khagayahtrak ts'a' it'ee ree ch'anghwah
tsal oo'ok giyahtan ts'a' ree
jyaa digiyah'in.

They cleaned the flesh side of the skin
with a bone scraper,
and after that just with an iron scraper.

They didn't scrape it with a knife--they
didn't have one.

With an iron scraper
they did it, and they tanned
the caribou skin
just as it was, fur and all.

Even I myself have tanned hides with the
fur on that way.

Now since we have had big knives, we
scrape the flesh side
in that way,
we take the dark layer off and make it
real clean.

Before that they used to use
a bone flesher to clean the skin.

At that time
they had a knife
made like this.

They called this skin scraper a *deeddhoo*.

They cut the hair off the skin, then put it
outside to freeze,
then they used the iron scraper on it.

Aii t'ee
ch'ookwat zhee googaa tr'ookwat
ch'adhah.

Ch'ookwat zhee goodlit gwats'an.

Aaa! shitseii gwintł'oo
ch'adhaa
ich'idiidhan aii t'arahnyaa.

Dazhoo
thal dazhoo ik haa
t'agąąhchy'aa roo
niivyaa chan.

Gwintł'oo niivyaa nitsii t'agahnyaa.

Aii tthak dazhoo nilįį tthak giyahkhii ree.

Łi'haa zhehk'aa gwintsii roo.

Geetak hee jyaa
dagwąhtsii lęįį nąįį googaa nihk'ehdak
    googaa tr'igwich'įį t'oonchy'aa roo.

Zhyaa łyaa gwintsal t'igwinyaa
gwiindhan dǫhłįį.

Zhyaa ree zhehk'aa gwachoo ree zhyaa
    changoo'ee.

Akoo
geetak hee vits'ii tr'igwich'įį kwaa oodit
    k'iinii jyaa dinchy'aa
dazhoo
kak jii kwaii zhyaa t'agąąhchy'aa ooduk
    ohts'ąįį.

Dachan
tik jyaa digilik giik'at zhaatak ts'a'
aii vitih ree yeedee k'iidak ree
khagwiin'ee k'iidak ree
łat haa ree jyaa dii'in.

Oondaa vatł'an
nihts'įį dachan diin'ee vit'įį gwa'an ch'iilkit
jeiinchy'aa.

Aiits'a'
jii dachan
ts'ii
vii nitsii
aii gwintsal ehdee jyaa doonchy'aa ts'a' ree
dzaa gwatł'an ree gwaak'a'.

Later
we even bought skins
at the store.

Since the store was established.

Ah! grandchild, it was very easy
to work on a skin
with those tools.

Fur
pants and fur parkas
were all they used, and
also skin tents.

They mean a really big skin tent.

All of that was fur, and they tanned it all.

The household was very big.

Sometimes
it was so big that several families lived in
    it, one here, another there.

I'll bet you think
it was really small.

But actually it was big enough for a
    family, with an entrance to the outside.

And then
sometimes there was another house oppo-
    site, and sometimes not.

The fur
side they put on the outside of the tent.

They put three
sticks and over them they put snow and
up at its peak
there was an opening
through which the smoke went.

Out in the middle
two logs lay side by side, with a fireplace
    between them, and stakes pounded
    behind them
this way.

And then
in between
those
big logs
there was a little space and
here in the middle they built the fire.

100

Akwat shitseii
izhik hee t'ee
oodak
dich'intł'ii nąįį
aii nąįį chan
tł'eevi' gahtsii roo.

Tł'eevi' gahtsii
aii
aaa! shitseii gwintł'oo
tł'eevi' gahtsii
vakwai' khehłee ach'ahochaa ts'a' k'iizhak
    neets'aii khaiinji' adach'aadhat aii oo'ęę
    neegaazhik.

Giitsin tthak khagwilik tł'ęę
gał tsal haa deedoogiyiitsak tł'ęę oondaa łuu
jyaa digilik
zhak a'ee ts'a' jyaa digiyilik.

Aiits'a' giik'at neełuutak ts'a' giikak
    neegwaahtłak.

Niinghuk kwaa kheet'eegivaatthak ts'a'
łuu ghat nizįį giyahtsik tł'ęę traa
kak deegiyahchik ts'a' giidhaa
    giyeełeehahchaa.

Well, grandchild,
in those days
people who snared rabbits,
they
caught them by the foot.

They caught them by the foot,
and
ah! grandchild, they just
hung there by one foot up in the air, and
    they really suffered a lot when people
used that kind of snare.

After they cleaned the guts out,
they trussed it up with sticks, and then
put it under the ashes,
lying on its back.

And then they covered it with dirt and
    started a fire on top of it.

After a little while they took it out and
after they dusted off the ashes,
they threw it on a log and peeled off
    the skin.

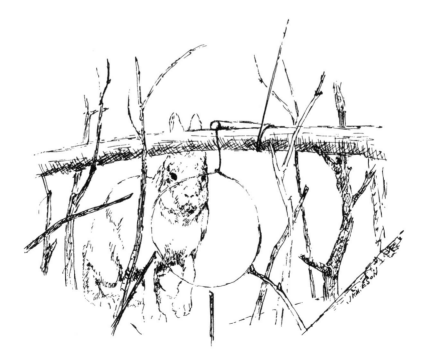

Akwat zhyaa
geh dhivir gwich'in t'oo
ak'ii hee zhyaa ree neethaagahtłii.

Aaa! shitseii gwintł'oo aakin ch'igwiidlii
dinjii gwiindaii jaghaii.

Aiits'a' t'ee gwiteegiyahtsit.

Akwat ts'a'
kharil'aii ts'a' gwilii tr'adal kwaa ts'a'
vadzaih gwanłįį dąį' chan viki' neets'aii
yeendaa gwaak'a' gwinyaa hee ree
neets'aii.

Joł gahtsit
aii
k'eiich'ii yeendaandaa hee tanch'igįįł'ee
łihts'eeradąąhdaa.

Aaa! zhyaa ree vikeedhich'ii zu' dhaa zhyaa
ree nji' neegaadal roo.

And then
the rabbit was as white as if it were
boiled,
when they tore the skin off.

Ah! grandchild, how interesting it is, the
way people used to live, isn't it?

And then they gave part of it to everyone.

And then
sometimes we spit-roasted meat,
when there was a lot of caribou, turning
each side now and again to the fire.

They made a roasting stick
and
thrust it through the meat
and roasted it before the fire.

Ah! when it was cooked, they took it off
and ate it, nice and warm.

14 Old-time household furnishings and the coming of cloth; muskrat hunting and the coming of guns

Muskrats were always a minor source of food for the Gwich'in people, but they began to hunt them on a large scale when their fur became valuable. Belle describes how set nets and dipnets were used to take muskrats. In more recent times, people began to use .22s to hunt muskrats from boats. The "nose gun" Belle refers to has not been identified; it may be a translation of the English "muzzle-loader."

Ąąhą'
vadzaih dhaa khaii
giizhiłchųų aii zhyaa vaghai' khajii ts'a'
   ditr'uu
ditsuu zhyaa vakak haa'ee veelin zhyaa
   tthak
łihts'eehotthak
aii zhit giłchųų t'oonchy'aa.

Jyaa gwizhrii goo'ąįį.

Veegogwantrii nąįį geh dhaa ahotł'ii
aii chan khajii dąį' ree
khehłaa t'inchy'aa kwaa t'inchy'aa.

Aii k'it t'inch'ii tsal haa zhrii aii ree
   kak digilzhii.

Vit'ee chyaa ts'a' oozhak iłtsuu ah kak
jyaa gwizhrii.

Tsuu chan googaa kwaa.

Dagogwach'aa tłik
aii digikįį giłtsuu gwizhrii.

Jeiinchy'aa
vakwai' vitsįį . . .
jyaa dinchy'aa ts'a' giłchųų.

Shandaa t'arah'in aii gwach'aa googaa
   kwaii haa tthak nał'yą' eegįįhkhii
   t'iihnyaa.

Aaa!
łyaa lagwadoo
kwaa t'igwinyaa.

Yes,
in the winter they slept
on caribou skins so worn the hair was
   falling off them,
there was just a little hair on them around
   the edges,
and in patches,
and that was what they slept in.

That's the way it was.

People who had hard times wove rabbit
   skins together;
when those lose their hair,
they are no good at all.

They would cover themselves with things
   like those.

On the floor they spread skins on a
   mat of spruce boughs,
that's all they had.

There wasn't even a pillow.

They bundled up their old clothes
and used that for a pillow.

Just like that,
in their skin pants with feet attached,
was the way they slept.

I'm talking about things that happened
   during my lifetime, I've seen these
   clothes and things.

Ah!
there was not any
cloth then.

Akwat it'ee ihtsii gwiizhik at'oohju' hee ree
   geetak ree
Inglis ts'an ik
naraatsuu gwaaɬ'in.

Ch'eetak nąįį zhrii.

Geetak chan k'ooneiit'aii ki'
narooljik naɬ'in jyaa
gwizhrįį.

Niinghit kwaa gwanaa gwats'an
yeeduk ts'ąįį vaanoodlit
nąįį zhik gwa'an Dawson,
Circle,
yeedit
Neets'it Gwich'in nahkak gwats'an tik ts'a'
   ch'aragwąh'ąįį, gwats'an steamboat
   goodlit
ts'a' at'oohju' hee jeiinch'ii kwat goodlit
   t'oonchy'aa.

After I grew up, I sometimes saw
people wearing
clothes they got from the Canadians.

Only some people.
Sometimes I saw women
wearing kerchiefs on their heads,
that's all.

Not very long ago
white people over on that side,
around Dawson,
and in Circle
down in
Neets'it Gwich'in territory struck gold, and
   from then on the steamboat started,
and that's when trade goods started
   to come in.

104

Izhik gwanaa googaa
zheegwadhah tr'iilee iltsąįį gwanlįį kwaa.

Ik tr'iilee iltsąįį gwanlįį kwaa
zhyaa jyaa t'inch'ii ky'oot'aii
akwat ts'a'
zheegwadhaa tr'ahahtsyaa
daagąįį
aii ch'aghwah
aii chan goodlit
k'iighai' dinjii
jyaa shandaa
digwiizhik t'oonchy'aa.

Aaa! shitseii, neeshreegwąąhchy'a'
t'oonchy'aa
neeshreegwąąhchy'a' t'oonchy'aa.

Mahsį' gwinyaa ts'ąįį gwinzįį t'oonchy'aa.

Duuyee dachan zhee chan ree gaagwiindaii
    kwaa nats'aa.

Even at that time
there were no ready-made tents.

There were no ready-made dresses,
only lengths of material
and then
material for tents,
white,
in a bolt;
that also first came
because of those men;
during my lifetime
it happened.

Ah! grandchild, we were poor,
that's so,
we were really poor.

So we should say thank you now.

We didn't even know about log cabins.

105

Aii t'agwaihnyaa
laraa kwaii aragwah'ąįį k'iighai' vaanoodlit
nąįį goodlit t'oonchy'aa.

Aii gwik'iighai' t'ee zhyaa jyaa digwii'in
chan gik'iranjik t'oonchy'aa.

Łi'haa
hee gwanaa
aii vijuu gwanaa hee
chan dzan
khyąą haa dzan keerii'in gik'igwanjik
t'oonchy'aa roo.

Akǫǫ aii jyahts'a' digwii'in k'iighai'
nan kak tthak chan zhyaa ree dzan
keerii'in nagwaanąįį t'oonchy'aa.

Jidii ghoo tsal diky'aatł'įį haa
zhyaa van vęę hee jyaa digii'in.

Aii
van
dzan tr'ihiltąįį hee goghoh gwanłįį nahąą.

Aii ihtreech'aratthak vats'a' ahtr'aii
k'it t'injik
it'ee dzan tr'ihiltąįį.

Aaa!
shitseii jyaa darah'in
gohch'it dee tan tr'iigok.

Oodok ts'iivii
kharikyaa
jyaa dąhjyaa tr'ahtsii ts'a' aii
jidii k'aii ch'iłsaii haa oondak
vatąįį neechiridiitthak.

Yi'eendaa chan it'ee łyaa tr'ihiltąįį
vik'igwaandak.

Aiits'a' t'ee
nihts'ąą
dachan jyaa darah'in
ts'a' k'iinaa tr'ihiltąįį gwizhrii ts'a'
dzan ah chan.

Aii deetły'ah
jyaa dąhtsii

But as I said,
they struck gold, and so the white people
came.
That was how we learned about those
things.
Really
not long ago
just recently,
we also learned
about trapping for muskrats.

So we started to do that,
everybody in the country started to
trap for muskrats.
There was a round thing tied to a pole,
and they went around the lakeshore with
that.

In that
lake
were muskrat tunnels—you know by the
bubbles.
They cast the pole at them, and the wind
carried it
to where the tunnel was.

Ah!
grandchild, that's what we did;
finally we poked through the ice.

In the woods we cut
spruce poles,
we made them this long and
there was a bend at one end, with which
we poked down into the channel.

Then we knew for sure where it came out.

Then
we put the poles
close together on each side,
and where it came out,
we also used the muskrat dipnet.
That dipnet
was about so big,

aiits'a' aii ahotł'ii jyaa dąhjyaa
dzaa hee vadąįį.

Akwat ts'a'
k'iinaa tr'ihiltąįį oondee
k'aii gwiniriitthak
akwat ts'a'
dzaa ree dzan aa chiheechyaa.

Dzaa chan k'aii gwiniriitthak akwat ts'a'
    t'ee dzan aa chirichik.

Zhik k'aii it'ee ree dzaa tr'ahaghal
k'aii ree jyaa dii'in.

Akwat ts'a'
it'ee dzan aa zhihak ts'a'
yeenjit chan jyaa dii'in jyaa dirilik
deiinchy'aa
vizhit ree dzan dhidii.

Jyaa darah'in ts'a' dzan łęįį kharilii.

Jyahts'a' gwizhrįį giyunkee'in t'inchy'aa.

Akwat ts'a'
shin hee duuyee.

Jidii haa t'igiihah'yaa gǫǫ aii chan k'i' haa
giyaahkhok gwizhrįį
jyaa dinchy'aa t'inchy'aa.

Dats'an googaa tthak k'i' haa zhrii.

Twenty-two chan kwaa dink'ee kwaa
    t'oonchy'aa nats'aa.

Ch'antsįh dink'ee giyahnyaa
ree shandaa goodlit.

Forty-four chan
aii haa neekwąįį ree shandaa goodlit
    t'oonchy'aa.

Gwanłįį gwats'an ihłįį.

Akwat ts'a' it'ee dink'ee goodlit.

woven like a fishnet, about so long,
and it went into the channel.

Then
at the outlet of the channel
they poked two sticks
and then
the muskrat net was tied to them.

They poked two willow sticks down there
    and put the net in the water between
    them.

The willow stick shook a little here,
since it was made of flexible willow.

Then
when the rat went into it
we would pull it out,
and there it was
with the muskrat sitting in it.

We took a lot of muskrat out that way.

This was the only way we hunted them.

But
not in the summertime.

How else could they hunt them—sometimes
they killed them with arrows,
but that's all.

Even ducks were only killed with arrows.

There were no twenty-twos or rifles then.

What they called a nose gun,
that first came during my lifetime.

And the forty-four,
those two first came during my lifetime.

I was alive at that time.

So then there began to be guns.

15 Hunting in the old days

The first kind of arrows Belle mentions are the bone-tipped arrows used for birds and small game; the arrows used for moose were those with broad heads of iron or stone. Belle apparently knew the iron arrowheads, for she refers to people "pounding and flattening" them; however, this might also describe chipping stone. The caribou snares Belle mentions were set in openings in specially constructed barriers or "fences" into which the caribou were often driven during organized hunts. Belle also mentions that before the coming of traders, only animals useful as meat were hunted, not fur-bearers such as mink, marten, fox, and wolverine.

Ijii izhik it'ee
dachan
tał googaa gwanlįį t'oonchy'aa.

Tth'an k'i'
tth'an khanłeegąąhkhoo.

Zhik dinjik vanchoh
dohts'aii vanchoh jidii ts'ik vandha'ee nahąą
aii t'ee googaa tthaa nilįį t'inchy'aa.

Tthaa nilįį ts'a'
jidii
tał aii
jeiinchy'aa
geetak hee tth'an ts'ik jyaa dąhjyaa
vikiitsii jyaa darąhthan.

K'i' gahtsii
aii chan tth'an ts'ik
ch'ihłak geetak neekwąįį.

Akwat aii haa nintsal
ti'raahk'ee k'it t'igii'in.

Shin khaii haa nihk'it.

Akwat dinjik eenjit chan thok k'i' gii'įį
t'iginchy'aa
aii haa
dinjik tsik zhrii ree
tr'oaahk'ee izhik ree gogogwaa'i' ts'a' ree
ts'a' khan dinjik gaahkhwąįį.

At that time
there were stick
arrows, even.

They made a sharp
bone arrowhead.

In the foreleg of a moose,
you see, there is a little narrow piece
of bone,
and they used that for an awl.

That is the awl and
a kind
of arrow,
that too
was sometimes made of that thin bone,
about this long,
people put it at the end of the arrow.

They made arrows
with that thin bone,
one piece or sometimes two.

And they used these to shoot
small game.

In both summer and winter.

They had a different kind of arrow for
moose,
as it was,
and with that
they shot the moose in the ribs
and that way they killed them quickly.

Aii t'ee chan
dinjik aii
chan yeendaa k'i'eenin dachan nin'ee
izhik chan oondaa neeriidal gwinyaa
    t'oonchy'aa.

Izhik ts'iivii
ts'ik oonii
neeraazhik gwinyaa t'oonchy'aa.

Aii giyatthat ts'a' lęįį giyahtsik.

Akwat ts'a' aii
k'i' tsįį tł'eegaadhak aii gwintsal nihky'aa
    giich'ahąąhtthak ts'a' nichyaagiyahtsik.

Aii
k'i' tsįį aii t'ee dinjik eenjit.

Aii haa chan dinjik ti'raahk'ee k'it
    t'igii'in goorahnyaa.

Zhik dinjik
deeghan zhrįį goaahk'ee, goahjii dohłįį
    aii ts'a'
khan dinjik gaghan jyaa digii'in.

In those days,
for moose
we would go over there,
way over where that bunch of trees are.

That was where we got
narrow
spruce poles.

They chopped them and made a lot.

Well now,
they pounded and flattened the arrowhead
    and made it wide at the end.

That
arrowhead was for moose.

They say they used to shoot moose
    with those.

They shot the moose
only in the shoulder, they hit it with an
    arrow, I guess, and
in that way they killed it quickly.

Vadzaih gaa chan ree
geetak chan vyah aii łyaa
t'agwąąhchy'aa gwinyaa.

Vyah dinjik
ch'adhah aii vyah tr'ahtsii aii
dich'igintł'įį ts'a' khik zhyaa dinjik
  teech'agalą̇'.

Vadzaih gwanłįį dą̇' chan izhik chan giyaa
  łęįį dahkhwą̇įį t'arahnyaa
jyaa dii'in
ts'a' gohch'it
chan vyah eenjit law goodlit ts'a' zhyaa
  ree akharoonyaa roo.

Juk gwandaa googaa ch'eetak ną̇įį jyaa
  dii'in k'it t'igwinyaa gaa ree.

Akwat
łi'haa juk
nats'aa tr'agwandaii gwik'it t'ichy'aa dinjii
  t'eedaa'in haa jyaa t'inchy'aa.

But for caribou
people made skin snares, and
that is mostly what they used.

The snare
was made of moosehide which
they braided together and they always
  snared moose too.

When there were lots of caribou they
  killed many
by doing this,
but later
they made a law against snares so we
  stopped doing it.

Even now I hear some people do that,
  though.

Right now
today
the way we make our living is just the
  way we are.

Shitseii
duuyee chihdzuu,
tsuk, neegǫǫ kwaii haa duuyee.

Tr'ookwat kwaa akwat juk ree tr'ookwat
    geh'an jyaa digii'in.

Nahtryaa chan googaa duuyee.

Nin keegii'in kwaa t'iginchy'aa
tr'ihee'aa zhrih.

Akwat juk ree
ch'ookwat nilįį geh'an ree giyankee'in
    akwat izhik gwanaa
nats'aa geenjit giyankeehee'yaa gǫǫ.

Tr'ookwat gwanlįį kwaa akwat zhyaa ree
    ndaa geedaa roo.

Grandchild,
we didn't hunt mink,
marten, or fox.

There was no trader, but now they buy
    them, so they hunt them.

They didn't even hunt wolverine.

They didn't hunt small game,
only things to eat.

But nowadays
there is a store, so now they hunt them,
    but in those days
what reason was there to hunt them?

There was nothing to buy, so they
    just lived the way they were.

Alice Moses and Belle Herbert.

112

16 Marriage then and now

When Belle speaks of "getting married" she means the Christian religious ceremony. As an example of traditional polygamy, which was sometimes practiced by wealthy men in the old days, she talks about the famous Shahnyaati', a powerful chief of the middle to late 19th century, who is still the subject of many stories told in Gwich'in country. Some stories say that Shahnyaati' and Ch'eeghwałti' were rivals; others claim Shahnyaati' had as many as twelve wives.

Duuyee married gwaatsii roo.

Łyaa ree
niłooheendal naįį zhyaa ree
nihghaii niijyaa.

Juu married goohahtsyaa goo.

Ginkhii chan kwaa ts'a'
shandaa gaa gwee'an ginkhii goodlit
    t'oonchy'aa yi'eenji' gwizhrii hee
    ginkhii t'oonchy'aa.

Akwat ts'a'
shitseii zhyaa ree
łąą izhik eeniłarahaazhii kwaa ts'a'
gwinzįį nihk'eegąąhtii ts'a' zhyaa
dinjii ch'ihłak jyaa dąąhchy'aa eedhidii
    nał'ya'.

Zhik chan vitr'injaa,
zhik chan vitr'injaa.

Zhyaa zheegwadhaa dzaa gwandaa t'ahtsii
    di'įį aii zhit zhyaa jyaa dąąhchy'aa
    eedhidii.

Shahnyaati' gwinyaa gwiintth'ak dohłįį aii
t'aihnyaa.

Aaa! shitseii googii naįį gwanlįį googaa ree
    zheegwadhaa zhit jii gwandaa
    t'agwąhtsii roo.

Aaa! shitseii
aii
akwat neekwąįį eedhidii akhai' nich'it
    nąąhtsit łii.

Tik eedhidii gwiizhik nał'ya'.

Nobody got married!

Really,
people who wanted to get married
would just live together.

Who could marry them, anyway?

There was no preacher, for
it was during my lifetime that preachers
    first came here; there was a preacher
    far upriver, that's all.

And so,
grandchild,
no one quit each other, and
they took care of each other really well;
I saw one man who had several wives.

Here was one wife,
here was another wife.

His tent was as large inside as my house
    and all those women stayed with him.

It's Shahnyaati'—you've heard of him,
    I suppose—
that I'm talking about.

Ah! grandchild, he had lots of kids, but
    that tent was bigger than my house.

Ah! grandchild,
he
had two wives, and then he also married
    a young girl, it seems.

I saw him when he had three wives.

Akwat
aiits'a' it'ee łyaa tth'aii
ch'anjaa nąįį nihkheeriilii gwąął'in
aii t'ee shitsii
Loola t'ii'in.

Aii
yeenji' Inglis nahkak hee ginkhii nilįį akhai'
nji' ts'a' neezheegwarahaadlii ts'a' dzaa
    gwinii nihts'ineezhii.

Aii k'iighai' ginkhii
gootee dohłii.

At'oohju' hee
jyaa dagoogah'in gwąął'in.

Akwat ts'a'
lęįį nąįį chųų vats'an gwanlįį kwaa ts'a'
    ninjii ji' gaa vaashandaii kwaa nahąą.

Ginkhii kwaa nats'aa.
Akwat ts'a' it'ee jyaa dagwąhtsii ts'a'.

Later
some time after that
I saw all those old people get married
by my grandfather
William Loola.

He
was a preacher over on the Canadian side,
and when they moved farther up, he came
    down this way.

Because of that there was a preacher
among them, I guess.

That's when
I saw them doing that for them.

At that time
many people died without having been
    baptized, I think, but I don't know.

There was no minister, you know.

That's all I'm going to say for now.

114

17 Belle's marriage

Belle's mother arranged her marriage before Belle reached puberty, so that her husband had to wait during a sort of engagement period before Belle actually came to live with him. This was a common practice in the old days. Belle dates this time by the deaths of Ch'eeghwalti' and Ch'aadzahti' (probably in the early 1890s, but not yet positively dated). She describes what was done when she reached puberty: she was secluded, not in a separate hut as was the practice in some parts of Athabaskan country, but behind a kind of screen in the family's house, the usual custom among the Gwich'in people. During this time she would also have had to observe a number of taboos, especially against eating certain foods, and probably used a drinking tube (illustrated in the drawing) to drink water. She spent her time sewing under the instruction of older women, whom she calls her older sisters. Belle also had the opportunity at this time to study singing, reading, and knitting with a woman missionary who visited briefly. Belle mentions that because her mother was a poor widow, she could not make a potlatch feast to celebrate her daughter's marriage. The marriage rites of Joe and Belle were performed by the famous Archdeacon McDonald, who traveled in both Alaska and Canada working for the Anglican or Episcopal church.

Akwat shįį aii dinjii shats'an nilįį dąi'
shįį łąą tth'aii hee t'ee
shadaa shats'an nilįį kwaa gwiizhik t'ee
   ni'ęę dinjii sheenjit oonjik t'oonchy'aa.

Aaa!
nitsii t'ee yeenji' gwich'in t'inchy'aa nahąą.
Ch'ihłok nał'ya'
aii gwats'an it'ee ni'ęę yuunjik.

Kwat ts'a'
tth'aii hee łąą
shadaa shats'an nilįį kwaa gwiizhik
   t'igwii'in roo.
Aiits'a' yeenji' doondee ts'eehoozhii gwa'an
   hee ree kogwił'aii ts'a'
it'ee shadaa shats'an dhidlit tł'ee hee
   gohju' hee
veesharąhchii t'inchy'aa.

When I was going to get married,
I was still very young;
my mother got a man for me even before
   I had my first period.

Ah!
your grandfather was from upriver, you see.
I had only seen him once
and after that my mother got him.

When
that was happening,
I hadn't even had my first period yet.

So he went back upriver with his older
   brother and stayed there
until I became a woman, and after that
he came and lived here.

Aii
aaa! shin hee zhyaa
aii
oonjit
shee'ii
John Shuman gwinyaa
aii yee'at gwich'įį gwich'in oonjit
Old Rampart nijin hee shrit li'.

Izhik gwats'an łąįį ts'ii yeek'idik łii
gwikįį hee ch'ihłok gwizhrii nał'ya'
nitsii.

Akwat gwats'at it'ee oodit
oodi' shee'ii haa nihee
it'ee neekwąįį.

Googaa nee'ii
ants'a' tseeniichii zhyaa ree vanh dąį' hee
    shachaa haa traa keehii'oo.

Akwat łąą khehłan
t'ihchy'aa kwaa.

Then,
ah! in the summertime
that one
up there,
my mother's brother
they call John Shuman
lived up there, I think,
somewhere around Old Rampart maybe.

From there he broke trail for his dogteam,
and that was the only time I had seen
your grandfather.

From there
he went down with my uncle,
that's twice.

But your uncle
was living out there somewhere and in the
    morning my younger brother and I were
    going for firewood.

I never could sit
in one place.

116

Aii gwiizhik t'ee neegihii'oo łii ts'a' ni'ee
    aii yandrąįį inzhii łii.

Aiits'a' deeyuaanjik łii ts'a' shitsii nąįį
    gogwandaii shee'ii nąįį haa.

It'ee ehjyaa zhyaa ree ginjiitrak haa
    zhyaa niriinjil.

Akwat
it'ee ree aaha' nyaa dǫhłii.

It'ee neegohoo'oo
łii ts'a' ree
traa oo'ee neediilil łąįį dąąhchy'aa łii li'.

Aaa! diizhit gwiłts'ik
aiits'a' nihdeeshuu diniishadhat ree
ni'ęę ree t'inyaa.

"Oodit nitii Henry
goozhee gwats'a' hinhaii,"jyaa ree shahnyaa

Gwiizhik shoondee
Robert chan
izhik t'ee tr'injaa t'iilnaii.

Izhik zhat gwich'įį.

As they were leaving, my mother just
    stood right in front of him.

She chose him for me, it seems, even
    though my grandfather and my uncle
    were living at the time.

They got together and made speeches
    outside.

So
I guess he said yes.

Then they left,
it seems, and
we came back pulling a load of firewood—
    I forget how many dogs we had.

Ah! we were very hungry
so I went inside real quickly and
my mother spoke.

"Go down to your uncle Henry's house,"
she told me.

At that time my older brother
Robert also
was married.

They were living there too.

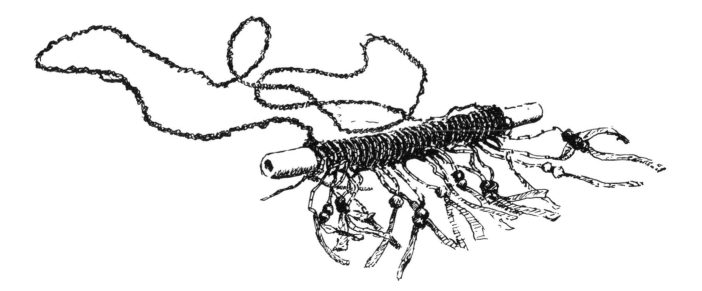

Aiits'a' ree
aii shitii t'ee shaa gwahaandak
   tr'igwiłtsąįį łii roo.

Aaa! shitseii
łąą gwadraii ninjich'ihtthat kwaa zhyaa.

Akwat
ts'a' t'ee ree
gwik'eegwałthat.
Oodi' hoiizhii ts'a' ree nihdeiizhii ree
zhyaa ree shitsii
va'at tr'ikhit ree
gwinzįį t'ii'in chy'aa ree yeendit ree dhidii.
Gwiizhik shitsii zhyaa ree
yaaghat vakaa'aa kak shih shee nizįį
ahtsii.

Akwat ts'a' ree
ch'ihi'aa gwiłtsąįį ts'a'
ree ch'ih'aa.
It'ee łąą giinjik tł'ee
chan hee sheeghaii nineezhii.
"Dinjii neenjit tr'oonjik t'oonchy'aa dǫhłii
   t'oon'ya' shro'," jyaa zhyaa shahnyaa.
Aaa! łąą diinach'adarąąhkhaa k'it
   t'ishizhik.

Aaa! shitseii akwat aii
gwikįį nał'ya' vaihnyaa
izhik t'ee yeedihjyaa ts'ąįį gooti' gavaa
   teehozhii t'inchy'aa.
Aiits'a'
yeenji' neegohoojil akhai'
shaghoii choo chan
Nildhat Ti' vachaa
John Digin
varahnyaa.
Mary Gwih'aa gwinyaa gwiintth'ak
aii t'ee eedhidii.

Aii t'ee
Mary Gwih'aa vijuu
niindhat aii
yigii kwaii teegwiłjik.

And so
my father's brother was supposed to tell
   me about it!

Ah! grandchild,
I had never even thought about it.

So
at that
I obeyed.
I went down and went in;
my grandfather's
wife always
used to do well, but she was just sitting
   across the room.
Meanwhile, my grandfather just
was putting food on the table
for me.

So then
he gave me food to eat and
I ate.
After I had finished,
he came to my side.
"We have got a man for you; don't think
   anything about it," was all he said to me.
Ah! it was just like somebody hit me
   across the face.

Ah! grandchild,
remember I said I had seen him before,
when their father had gone up with him.

And so
they started upriver then,
my big brother-in-law and
Nildhat Ti''s younger brother,
who was called
John Digin.
You've heard of Mary Gwih'aa—
he was married to her.

And then
Mary Gwih'aa's younger sister
died and
they took in her children.

Aiits'a' aii tr'injaa
nich'it dinky'ahthat aii shaghoii nitł'ee
    gąhchii łii.

Akwat izhik zhat t'ee k'inidik
doondee haa t'inchy'aa.

Akwat ts'a' chan tr'iinin goodlit
shidyaahch'į' igiyułshrii łii.

Aii chan vihdineeranchįį łii.
Gohch'it
it'ee ch'adąi' hee sheenjit ch'aroąąhkat
    tł'ee hee t'igwii'in.

Aii zhik
oonii teegaajil dąi' gooti' gavaa.
Aiits'a' t'ee ni'ęę haa
ni'ęę haa ants'a' gihiljii łii.

Izhik t'ee ni'ęę haa dhidii dǫhłii.
Ginkhii t'inchy'aa akwat t'ee
izhik t'ee shąąh'in dǫhłii.

Shitseii
khai' gwanlįį ji'
"Nik'ee
shuu shigii khaiints'a' eenjit oohodoo-
    shandal," jyaa ree shahnyaa łii.

It'ee ree shaaghan ree chigwizhrii yee'an
ch'ihłee ree zhyaa ree
dąhthee gahąąh'ya' gwats'a' jyaa dinchy'aa
    dǫhłii.

Aaa! shitseii
akwat zhyaa ree
tth'aii hee
ch'ik'it tałdaii kwaa gwiizhik zhyaa ree.

Akwat ts'at chan ree nagwarol'in ts'a'
    nih'an kwaiik'it hee chan ree.

Akwat ts'a' yeedit
Circle
izhik chan deegwits'iichy'aa li'.
Izhik chan ree t'inchy'aa dǫhłii niti'
izhik chan hee Mardow vaa neehidik
    tth'aii hee.

Aii
Mardow eenjit łąįį ts'įį k'idik ts'a' yeedit
    chan ree

And so that woman
raised the young girl, and they gave her
    to my brother-in-law, it seems.

Then he went back up and arrived there
and stayed with his older brother.

There someone had a baby
and named him after my old man.

But it suffocated.
Finally
this was going on after they had
    already asked him for me.

So
when they came down their father was
    with them.
And then with my mother—
they were gone with my mother.
He was visiting there with my mother,
    I guess.
Now he was a preacher;
I think he saw me then.

Grandchild,
if it didn't happen quickly—
"Maybe
I should take her for my youngest son,"
    he said about me.

Oh, that old lady
was waiting
until she saw somebody, I guess.

Ah! grandchild,
just then
and still
I didn't even know what was going on.

We were each waiting in different villages.

And over there
in Circle,
I wonder what he was doing there.
At that time I believe your father
was still going around with Mardow.

He
was breaking trail for Mardow's dogs and
    down there

119

naga'oo łii
shreenyaa
gwiindhaa gwiizhik
ookit
kih kak.

Akwat yeedit
yi'eendaa hee gwit'ee googaa kih kak
   gwanłįį t'oonchy'aa
izhik kih kak hee zheegwadhaa nihts'ii
   gwinin'ee.

Aii
ni'ęę vits'ii chan tr'igwich'įį.

Akwat łąą
sheejii
aii chan veeraadii gaa yęhdak gwich'įį.

Aiits'a'
gwiizhik yeedee tł'eedik gwa'an jyaa
   doonchy'aa goodlii sheejìi shee'ii nąįį
   haa t'iginchy'aa.

Kwat ts'a'
drin hee gwats'a' khagaajil dǫhłii.
Zhyaa ree vik'iitł'it zhyaa
lidii shih tsal haa tr'iilee ałthan.

Aiits'a' kwank'it dhiidii
nihdeerahaa'oo doonchy'aa Mardow ree.
Aii gwits'ii chan ree naadii.

Aaa!
yeenii
Circle ts'ąįį naga'oo gwiihtth'ak
chy'aa ree.
Zhyaa ree tr'iits'aa hihtrit
ni'įį vik'iitł'it tr'iilee gwaałthan aii zhyaa
yeendaa k'ik dohshroo nii'at kak zhyaa
   givee nitł'eech'aałjil.
Aii Mardow k'iindaa shih ts'a'
naadii khehłee
ts'a' ''Nikhwee shih ts'a' ginkhii,'' chan
   ree shahnyaa.
Shih ts'a' girinkhii
gaashandaii kwaa gwiizhik ree
t'ashahnyaa.

Zhyaa ree nał'in chan ree ihdlaa kwaa
   zhyaa ree
łyaa ree

the two of them were going
in early spring
while it was getting warm
down there
on a sandbar.
Down there then
over there was a big sandbar
and there on the sandbar were two tents
   with their openings opposite each other.
She,
my mother, had a tent and someone was
   staying opposite her.

Now
my older sister
was married, but they were living with
   her too.
And
up on the bank above there were houses
   just like this, and my uncle and my other
   sister were living there.
Then
during the day they went up there, I guess.
I was staying there by myself
and I had tea and a little food ready
   for them.
So I was sitting there alone
and somebody came in, and it was Mardow.
He sat down on the other side.
Ah!
over there
toward Circle I heard they were going
formerly.
I didn't even know what to do,
I had everything ready in my mother's
   absence,
so I set a dishtowel on the ground and set
   out a plate for them on it.
Mardow sat down to eat,
both of them did,
and he said, "Say grace for us" to me.
I didn't even know how to say grace
   over food
when
he said that to me.
I just looked at him and didn't even smile,
really

jyahts'a'
geenjit oozhii tr'inlii gwik'it ree t'ihchy'aa.

Akwat ts'a'
it'ee ree
gwinzįį ree neech'igin'al lidii chan gwinzįį
    geeni'.

It'ee ree gigiinjik k'it t'igiizhik
k'ik chan ree tineegoołtrat roo.
K'ik tineegoołtrat ts'a' gwinzįį geeneiitrat.
Łąą inli' kwaa ts'a' ree shoondee
    cheehoozhii
Mardow.

Adant'ee chan ree
aaa!
iinch'it ts'a' chan ni'ęę vik'iitł'it
chan lidii eeniitrat.
It'ee ni'ęę
adan chan k'eenidik.

Aiitł'ee chan hee googaa
khaii neegwiidhat.
Khaii neegwiidhat ts'a'
izhik khaii it'ee łyaa zhyaa
yeenjit
Circle it'ee łyaa zhee goo'ąįį.

Akwat ts'a'
dąįį neegwiidhat it'ee Ch'eeghwałti'
    niindhat.
Yee'at Charley Loola
nąįį haa yeendaa
Mary digigii haa tthak
Ch'eeghwałti' ts'an ginlįį nąįį
    t'iginchy'aa.

Akwat ts'a'
izhik shitii niindhat izhik khaii it'ee
Gabriel viti' tr'iiłk'ee gwinyaa
    gwiintth'ak dǫhłii.
Izhik khaii t'ee
Gabriel viti' tr'iiłk'ee gǫǫ.
Aiits'a' neegwiłgǫ'.

Yeendak gwich'in ginlįį
Ch'aadzahti'
varahnyaa aii t'ee tr'iiłk'ee t'igwinyaa.
Aiits'a' yeedit diikhwan t'ihiichy'aa
    nagwaanąįį.

I was kind of
shy like that, is how I was.
And then
after that
they ate well and drank tea too.
After they finished
I quickly cleared the dishes away.
I cleared the dishes away and cleaned up.
He didn't waste any time, he just left,
Mardow.

And he himself, too.
Ah!
then right away
I made tea again.
Then my mother
herself returned home.

After that
winter had passed again.
During that winter
was the very time
Circle was established.

And then
in early summer Ch'eeghwałti' died.
That Charley Loola
and his people over there
and Mary [Thompson] and all her kids
are descendants of Ch'eeghwałti'.

So then
that same winter that my uncle died,
somebody shot Gabriel's father, I bet you
    heard about that.
That winter
somebody shot Gabriel's father.
And then the snow melted again.

They are descended from people from the
    North.
Ch'aadzahti'
was the one that was killed, so they say.
We were going to stay down there.

121

Akwat ts'a'
neegwilgǫ' ts'a'
June nan ree
tr'injaa dhiidlit.
Aaa!
it'ee chan shaaghan
shineegootrat gwit'įį gwa'an chan dhiidii.
Sheejii nąįį zhyaa jidii k'eehaałkaa zhyaa
    sheeneegaadal.

Gwintł'oo k'eech'adoołkąį'.
Akwat zhyaa nilee ashagwagwąh'i' roo.
Jyaa t'ee deenaadąį'
tr'injaa ilik nąįį darah'in izhik t'ee gwitr'it
    gavantł'ee gwaatth'ak gwinyaa
    t'oonchy'aa.
Gwik'it t'ishiginlik sheejii nąįį.

Akwat t'ee ree
gwiizhik chan t'ee
school ahtsii tr'injaa zhyaa ree yeenihjyaa
tr'ihchoo zhit
aii one week t'inchy'aa gwich'in.
Ghai' shrii ree school ahtsii zhyaa ree
shant'ee ree.

Akwat zhyaa ree
vaanoodlit ky'aa ch'iihłii t'ee
vaanoodlit ky'aa chan ree zhyaa idęhtły'aa
    kak ree gįįhshii t'ee.

Akwat
chan stocking tr'itł'uu chan gwik'it
    t'ishi'in
nagwaanąįį one week googaa.

Akwat chan hee zhyaa ree ginkhii ree
    teedhizhii yeekit ree
zheegwadhaa gwanąh'ee ree
aii gwiizhik ree nitsii ree teedhakwąįį łii.

Akwat ts'a' ree
zhyaa ree oo'ok vineedziihałtthak
    gwizhrii ree.
Ni'ęę chan yeenjit shadraii gihikhii kwaa.
Aiits'a' ree
gohch'it ree nihdeiinzhii ts'a' ree shoaahkat.
"Noohihdal gwinyaa nijii yindhan?"
    shahnyaa.

And then
the snow melted and
in June
I became a woman.
Ah!
then the old woman
made something for me to sit behind.
My older sisters gave me something to sew.

I sewed a lot.
They taught me how to do things with
    my hands.
In the old days
that's what they did with young women,
    and that's when they started to do things
    with their hands.
That's what my sisters did with me.

And then
while this was going on
a woman schoolteacher came down
in a boat
for one week, I think.
She was teacher and
I also was among them.

Then
I was singing in the white man's way,
I even read in the white man's way.

Then
I even learned how to knit stockings
though it was only one week.

And then a minister came down and there
he had his tent set up.
While this was going on your grandpa
    came down in a canoe.
Then
I only heard about him that's all.
My mother didn't even say anything to me
    about him either.
Finally
one time he came in and asked me.
"They say I'm going to get married to you;
    when do you think we'll do it?" he said
    to me.

"Ni'ęę neeshraahchy'aa sheenjit vak'ąahtįį
gwinzįį vak'ąahtįį ji' sheenjit gwinzįį,"
    ree jihnyaa.

Akwat t'ee khagiihee kwaa
ji' it'ee ree sheerihiłchįį ree
    nigwihiltth'at.

Shitseii łyaa ree
gitr'ii'ee khyu' t'ashagahnyaa gohch'it ree
    gook'eegoołthat roo.
Sheenjit gogwanłįį kwaa ts'a' t'ihchy'aa
    dǫhłii tr'igwįhjik ts'a'.

Aiits'a'
t'ee
ree gwintsal gwinzįį shik'eehąąhtyaa
ni'ęę gwilęįį
nashąąhchii łii.
Akwat chiitee ihłįį k'eegwiichy'aa gwatsal
    ni'ęę t'iizhik kwaa roo.

Akwat
shidyąąhch'į' chan kwandeetak neevalaii
    haatth'ak t'ii'in kwat ree k'eegwiichy'aa
    gwakwaa.

"My mother is very poor and if somebody
    takes care of her for me,
if somebody takes good care of her, it will
    be good for me," I said.
So then I didn't say anything more,
but it was about time for us to get married.

Grandchild, really
I didn't like it, but they kept asking me,
    so finally I did it.
I was so innocent, I guess, that what they
    said was like nothing to me.

So
then
it turned out he was going to take
    good care of me;
my poor mother
put me there.
I was an orphan, so my mother didn't make
    potlatch for me.

Then
my old man was just going around by
    himself so he didn't have many
    things either.

123

Aii ginkhii
dyąąhch'i' varahnyaa aii t'iizhik yiihthan aii
   t'ee nihts'an nikhwełtsąįį.
Duuyee dzat ginkhii
gwąąh'in yeedi' teetsii ahaa t'ii'in dǫhłii
   aii k'iighai'.

Izhik gwanaa t'ee
shandaa ch'anjaa nąįį googaa jyaa darah'in
   shitii zhat naanąįį ts'a' ree.
Ginkhii Loola zhrii ree ginkhii nilįį roo.
Yeenjuk gwizhrii hee chan ginkhii dǫhłii.

Oodit
di' ts'a' Fish Camp izhik shoondee
kogwigwilzhii aii ni'ęę chan gavaa
   aiits'a' izhik gwizhrii hee.

Aiits'a'
gohch'it chan tr'iinin shats'an dhidlit aii
   nidhikhin tł'ee at'oohju' hee
   geełeehidhii'oo
izhik it'ee yeendak gwik'irinjil jihnyaa
   tr'oodąį' geegwaldak.
Izhik it'ee giveełeehidhii'oo.
Jyahts'a' gwizhrii ree.

Aii akwat yeenji' ts'ąįį hidhii'oo ts'a'
gwinįhjyaa chan t'igwii'in ts'a' aii chan
   tr'oodąį' geegwaldak.
Dzaa nirin'oo ts'a'
tth'aii jyaa dihchy'aa roo.

Gwichyaa Zhee gwihch'ii kwaa ts'a' ndaa
   ihshyaa.
Vaanoodlit chan nał'in kwaa akwat nats'aa
   vaanoodlit hiihtth'ak gǫǫ.

Jyaa dihchy'aa oodit Fish Camp
   garahnyaa
chan duuyee geełeerihijyaa.

Akwat ts'a' vaanoodlit chan duuyee
   tr'ąąh'in.

Jyaa doonchy'aa ts'a'
aiits'a' łąą
vaanoodlit ginjik doihtth'ak ts'a'
   t'ihchy'aa kwaa roo.

It was the preacher,
the Old Man [McDonald] they call him, who
   married us, I think.
There was no minister here
and I think he was going downriver, that's
   why he did that, I think.
At that time
older people even got married, that's when
   my uncle was there.
William Loola was the only preacher around
   there at that time.
There may have been a preacher up that
   way, I suppose.
Down
at Fish Camp my older brothers
were living and my mother with them
so we went there too.

And
finally I had my child and when he started
   to walk we left them and went back
   up that way,
that's the time I told you about a while
   back.
That's when we left them.
And that's all.

When we two went over to that side and
moved up and down, that's what I told
   about the other day.

We came here and
I'm still here.

I don't live in Fort Yukon, and that's
   the way I live.
I don't see much of white people, how
   could I understand them?
That's the way I was down at Fish Camp,
   as they call it,
and we never left there.

And we didn't see any white people.

That's the way it was
and really
I don't even understand the white people's
   language when I hear it.

18   The arrival of white people

Belle had a child during the first years of her marriage, in 1896, and when he was still quite young, a gold strike occurred at Koyukuk (either 1899 or 1907). She describes the coming of the gold-crazed miners and the stores and steamboats that supplied their settlements. The "soldier woman" Belle mentions has not been identified.

Yeedit Koyukuk gwinyaa it'ee
    gaakhwandaii
izhik ch'aragwah'aii izhik it'ee shigii
    neehidik t'oonchy'aa.

Down there at Koyukuk the very first time
they struck gold there, my child was
    walking then.

Akwat ts'a'
vaanoodlit zhyaa
Yukon di' zhyaa tły'aa ch'aganaaht'aii.

And
the white people
strung down the Yukon one after another.

Izhik
gwitsįį googaa vaanoodlit
gwanlįį kwaa t'agwaihnyaa.

After that
there were
no white people, however.

It'ee izhik
zhat kwat ts'a' yeenjit Dawson
Circle haa ch'aragwah'aii ginyaa izhik
    gwehkii hee vaanoodlit dohłii.
Gwee'an aii akwaa jeiinchy'aa googaa
    kwaa t'iihnyaa.

From then on
when they struck gold at Dawson
and Circle, maybe there were white people
    before then.
Not around here, not even one.

Yeedit
ts'aii ch'aragwah'aii aii chan k'iidi'
tły'aa ch'aranaaht'aii.
Geetak hee chan vaa neerahaahtr'il haa.
Geetak hee chan ganiisak
vakwaiitryaa kwaa ts'a'
ganiisak
dakwai' k'oołchaa haa.

When they struck gold down that way
they just strung out down that way,
    that's all.
Sometimes with skis.
Sometimes just a gunny sack,
he didn't have any moccasins,
and he tied a gunny sack
around his feet to walk with.,

Jidii vaa neerahaatr'il
chan ch'eeghwaa kwaa chan ree jeiinchy'aa
    valaii chan ree zhyaa
neehaahtr'il chan ree tąįį gwinjik di' ahaa
    ree tr'agwąąh'in.

Or just with skis,
he just slid along without even any pack
    on his back,
I saw them sliding down the trail like that.

Akwat ts'a' aiitł'ee
gwiizhik it'ee steamboat goodlit roo.

After that
the steamboat started to come around.

Aii ree yeenji' nahkak geenjit t'ii'in akwat
    łąą dzat gwee'an chan store gwakwaa
    kwat
t'ee nats'aa k'eiich'ii kwaii gwiheelyaa gǫǫ.

Akwat it'ee ree
store gwakwaa akwat ree
zhyaa ree steamboat zhrii ree.
Akwat ts'at gohch'it ree
zhyaa ree ch'ookwat zhee gwiltsąįį.

Akwat
yeedit Koyukuk ch'aragwąh'ąįį
ts'a' izhik ree tł'ee ree oonduk nahkak
dinjii łi'haa laraa
choo zhyaa di'įį aii ree.

Aii ree
dinjii vitsyaa yinłįį chan
nivee t'ah'in tr'injaa choo chan gavaa.
Captain Ray ree.
Aii ree zhat indi'.
Izhik it'ee ch'ookwat zhee gwiltsąįį.

Izhik
yeendok khaiinjii dinjii teech'ehdli'
yeenii tr'iindii
ch'adąį' jihnyaa ijii
izhik aii gwats'at t'ee store goodlit
    t'oonchy'aa.
Yeedit N.C. ree t'igwiizhik gwich'in gaa
    tth'aii hee chan
gohch'it t'ee shin shaaghwąįį k'iindaa
    tth'aii hee store gwanłįį roo.

Akwat ts'a' store ch'ihłak zhrii ree gwanłįį.

Akwat aii steamboat t'ii'in aii kwaii haa
    zhyaa ree
shih łęįį teeraadlii dǫhłii.
Aak'ii łąįį choo haa
zhyaa jyaa digwiizhik aii geedan.

Akwat ts'a'
it'ee ree geełee heedyaa it'ee aak'ii
    tr'inghan t'ee.
Aii łąįį choo aii geełee giihaadlii gwats'an
    vijuu gwanaa hee chan łąįį choo k'ąąhtii
    ree gwanłįį aii nik'ee giky'aanjik.

The steamboat even started going up that
    way, though there was no store around
    here then;
how could there be any goods around here?

And then
there was no store here,
there was only the steamboat.
But finally
a store was built.

Since
they struck gold down at Koyukuk,
after that somebody from Outside,
a really
rich man just did that.

That
man had someone working for him
and there was a big soldier woman with
    them.
His name was Captain Ray.
He was there.
That's when the store was built.

That time
when people almost starved to death
back here,
that time I talked about before,
the store was established down at
    Ft. Yukon.
The N.C. Company was downriver there,
    I think, and still is,
now I'm really old and that same store
    is still there.

There was only one store.

And they brought freight with the
    steamboat,
a lot of food, I guess.
There were cows and horses,
they brought those in.

Well,
he was going to leave, so they killed all
    the cows.
They took those horses away somewhere,
    there was a man who took care of them,
    did you hear about that?

126

Ąąha' izhik gwats'an t'ee t'iginchy'aa
    t'inchy'aa.
Akwat ts'a' aii aak'ii aii ginghan roo.

Akwat ts'a' aii
Captain Ray vaihnyaa aii
zhik store
shih lęįį steamboat k'ilik
zhat t'iheechy'aa ts'a'
zhyaa teeragoodlii aii kwan dinjii
dzat nirinlii aii nąįį tthak gokwaa
    t'oonchy'aa.
Oonjuk gwich'in nąįį łyaa
aiits'a' zhyaa tthak nigiinjik t'iginchy'aa.

Ąąha'
Gwichyaa Zhee izhik.
Izhik zhyaa yi'eendaa zhyaa
tąįh choo nin'ee chy'aa zhyaa tthak
    vihtł'eech'ąąhtłik.

Aaa! shitseii
gwintł'oo neeshreegwąąhchy'aa
    naagwaah'ąį' neenjik zhyaa vaanoodlit
    goodlit t'oonchy'aa.

Aii googaa
łąą dinjii kwaa ts'a'
gohch'it zhyaa gweendaa shriit'agwąhtsii
    ree
yeeduk hee ree gaanigwigwii'aii roo.

Akwat jyaa
doonchy'aa t'oonchy'aa.
Zhyaa nehshrit zhyaa vaanoodlit nąįį
    goodlit t'oonchy'aa.

Yes, that's when they [horses] arrived.
And they killed all those cows.

That
Captain Ray I'm talking about, he
built that store
and brought a lot of food with the
    steamboat;
he was going to stay there and
those people who were going to stay there
all died.
They were Outside people
and they all died off.

Yes,
in Ft. Yukon.
At that time out in the middle of the river
there used to be a big hill and it's all
    worn away now.
Ah, grandchild!
It was very poor at that time, and finally
    little by little the white people came.

Even so
there were not very many people but
here and there, from time to time,
they sometimes came around.

That's
the way it was.
The white people just came gradually.

127

19 Care of the sick

Bloodletting was the most common traditional medical practice. The application of heat and a kind of acupuncture are also mentioned. Incisions were made in a person's eyelids when he was suffering from snowblindness; Belle tells of doing this herself. Then she tells how women helped a mother during childbirth. She considers the modern practice of giving birth lying down worse than the traditional manner of crouching or kneeling; interestingly, her point of view is supported by some modern birth clinics. Belle goes on to tell how the baby was swaddled and placed in a cradle of birchbark and skins.

Aiitł'ee ree
tr'iinin shats'an dhidlit khan shats'an
    dhidlit ts'a' aii
izhik t'ee łyaa
k'eejit ihłįį gwiizhik shats'an dhidlit
    ts'a' ree
shoahthaa aii shits'i' vakwaa roo.

After I got married
I had my firstborn right away and after
    I bore him,
immediately—
I bore him when I was very young and
then he died.

Aaa! shitseii
nihłigwilii ragwaa'aa roo.
Diigwiindak hee chan ree
diithạį'
anach'arahtrak.
Chan ree diinkyaa
dzat gweezhaa ts'uh kii nahạạ
aii googaa
chan tr'iit'aa jii
diideeghan tthak eenjit.
Gwinzįį veeragwahtsik tł'ee.

Ah, grandchild,
we did everything for each other.
When we got hurt
they
cut the skin open some way.
They even cut
the vein under your tongue,
even that
they cut,
when something was wrong with your chest
You have to prepare and make everything
    ready.

Akwat t'ee
jii dinindee gwiłts'ik
jii diint'ee ch'andzu' k'it t'inchy'aa aii
jyaa dirilik ts'a'
aii ch'andzuu ji' naa'ạį' izhik chan
    k'eiich'ii dzik kwaii haa jyaa
    dagwagwah'in.
Dah goondak ts'a' it'ee gwinzįį.

And when
we have sore eyes,
they even cut it inside
that way,
they cut it inside there with something
    broken, that's what they do.
They draw blood and then it's all right.

Akwat ts'a'
zhyaa dineekhashran'ee chan oondaa kik
    luu nindhaa zhyaa k'eiich'ii tsal zhit zhyaa
aii izhik kii t'agah'in gwich'in
aii nijin khashran'ee naga'ak.

And when
we have a pain, they take a little hot ashes,
I think they put a rock there,
where the pain is coming out.

129

Datthak
idi'it gaa'in ts'a'
chųų dhaa chan
niht'eeriikak izhik chan duuyee jidii zhit
    t'arahah'yaa gǫǫ.
Daatłih k'ik choh chan kwaa akwat.

Akwat zhyaa gwigwiindak hee
zhyaa gwananch'arahtrit ts'a' aii dah
    goorąąhtraa ts'a' nizii neegaadhak roo.
Akwat jyahts'a' digii'in ts'a'
dinjii shrinilii drąįį gaa kwaa.
Tr'injaa ch'ihłak geetak hee
dinjii oąąhshii gwintł'oo daghan kwat ts'a'
    jii diingin tee
gwiłts'ik
diideeghan zhit gwiłts'ik
kwaii haa gwiłts'ik geenjit thahtsal haa
    vatatthaaranahtthak
aii ree nihts'ii t'irilik.

It'ee chan veenjit gwinzįį nineegwaadhak.

Sheek'aii Eliza shaaghan
Rose vahan
łi'haa dinjii oąąhshii t'inchy'aa.
Aii shandaa chan t'ii'in gwik'iighai' ree.

Shitseii, łi'haa zhyaa
gook'eegwąąhtii ts'aii t'igii'in gwich'in.
Dinjii shrinilii draii googaa ninjich'a-
    gwadhat kwaa ts'a' dinjii oąąhshii aii
    t'ee ree doctor gaa'įį roo.

Łi'haa dinjii
vigwihehkwaa googaa geetak hee nizii
    neegahtsik googahnyaa.
Aii gwaał'in kwaa.
Diindaa shandaa tr'oonjii.

Shii googaa diindee gwizhit gwiht'ii
    t'oonchy'aa roo.

Zhyaa gwinich'iht'ii haa chan
aaa! shitseii gwintł'oo
dinjii tr'oaahshii
gaariindaii gwintsal gwinzįį gaa
shaa gweech'in kwaa ts'a' ree duuyee juk
    akoodishi'in roo.

And by all that
when they do it,
and you could use steambaths too
but there were no containers then.
There were no big dishpans.

And when they got hurt
they just cut open their skin and the blood
    drained out and they felt better.
That is what they did and
they didn't even think about doctors.
There was one woman
who was a doctor and really knew what
    she was doing, and when somebody's arm
hurt
or when somebody's body hurt,
someone else would put a needle through
    the arm:
they put it through from side to side.
And the person would get better after that.

My aunt, old Eliza,
Rose's mother,
was really good at curing people.
She was doing it in my lifetime.

Grandchild, really
something was watching over them, I guess.
They didn't even think about doctors, they
    cured people and that was their doctor.

Really, people
were sometimes about to die, but they
    made them better, so they say.
I didn't see that.
I saw it when they drew blood.
Even I cut inside a person's eye.

I cut him open but,
grandchild, now
I can't do that curing
at all because
I cannot see, so now I can't do it.

130

Tsyaa
gwidzuu
ch'ihłak yeedit
Maggie David gwinyaa
gwiintth'ak dǫhłii
Paul Solomon
vijuu
Maggie
aii vigii ch'ihłak yee'at gwa'an
Ervin
aii łyaa vindee gwiizųų.

Yee'at t'ee
zhyaa diik'at deedhizhii.

Aiits'a' neech'in'al tł'ee
łeehahaii
"Yaagha' vindee gwint'ii," jyaa chan ree
    shahnyaa.
Akwat diinindee gwizhit gwiht'ii
    gaashandaii kwaa roo.

Akwat ree shitseii
John aii natsal
shigii vigii
aii shaa t'inchy'aa
dhichįį.
Gwiizhik ree
"Zhyaa nindee gwahaał'yaa nindee
    neegwadąąhkat," vaihnyaa.

One
poor
young man down there—
a woman named Maggie David,
I suppose you've heard of her,
Paul Solomon's
younger sister
Maggie,
well, one of her sons,
Ervin
had sore eyes.
There
he arrived at Shuman House.

After he ate
he was going somewhere
and he told me, "Cut that guy's eye."
Well, I didn't know how to cut inside an
    eye.

And my grandchild
John, who was small,
my son's son
was staying with me.
Meanwhile
I said to him, "I'm going to look at your
    eye, so why don't you flip up your
    eyelid."

131

Akwat tsuu
shantł'ee deedhałtin ts'a' deeshohshrii
    vatąįh gwanłįį choh haa
ts'a' dindee jyaa dinlik.
Dzaa vik'eevęę daa tłok choo dha'aii.

Aiits'a' t'ee
vindee
jyaa dał'in gwiizhik daa ninłąįį.
Aiits'a' ch'agwank'ąą chan t'ihłik
aii gwiizhik yaaghat tr'iinin tr'ineedhat.
John natsal
aii
ch'iitsii tyąą yehzhee nidiintrat.
Aii vadaa nindhaa haa jii jyaa dii'in.
Akoh
"Dhinchii," ree vaihnyaa.

Akwat khaa
tthak
ree dhichįį.

Kwat ts'a' nihkaa
vanh ch'adhaa ałkhii vitįį gwiizųų kwaa
dhałtsuu aii eenjit ch'ahoołtł'įį hoiidhoo
    jyaa shi'in shee khagwideetrat.
Jeiinchy'aa tthak łąą sheenjit yindhoo.
Gwintł'oo tsee'in iilik gwandaa t'agwąhtsii
    tsee'in shinlik t'aihnyaa.

Izhik t'ee dinindee gwiit'uu t'oonchy'aa.

Percy chan dakwai' akhąhtil roo.

Aaa!
"Shitseii yaaghat nakwai' k'eehaaldaii,"
    vaihnyaa aii
gwiizhik shrii tsal dachan tsal haa oihtą'.

Vatth'an łoodhałjik gwiizhik t'ee dachan
    tsal vatthąį' aałtsit k'iinin zhyaa
    goołtrat.
Chųų tr'aat'aa k'it łąą t'iizhik.
"Shitseii chan geh'at," vaihnyaa.
Izhik chan gitr'ii'ee.
Vęętak hee vanach'ałtrit.

And I put a pillow
on my lap and I had a straight razor
    with a long handle,
and he did with his eye as I said.
Right here around the edge was a big
    blood clot.

Then
while I was
doing that to his eye the blood came
    gushing out.
So I did the other side also,
and while I was doing that the child awoke.
Little John
took that
can and put it under him quickly.
His warm blood came out like this.
So
I told him, "Go to sleep now."
And
all evening
he slept.

So the next
morning I had a skin I was tanning, and
    there wasn't much left to do on it,
so I put it on the pole I had for it and
    started to scrape it, and he took it and
    did it for me.
I had made him so happy he scraped it
    all for me.
That's when I cut somebody's eye.

Also, Percy sprained his ankle.

Ah!
grandchild, I want to feel your feet, I
    said to him,
while I was holding a pocket knife and
    a stick.

I grabbed hold of the skin of his leg with
    the forked stick and cut it across there.
Just like I cut into water.
"Grandchild," I said, "another place too."
He didn't like it.
So when he wasn't looking, I cut that place
    too.

Shitseii łąą doctor agwąhtsii gwigwitr'it
   gwanlįį t'igwinyaa.
It'ee ree veenjit gwinzįį.
Jyaa digwii'in haa yeenaa dinjii ndaa
   nach'aatsi' t'oonchy'aa.

Aaa! shitseii
tr'iinin
nąįį zhyaa ree tr'injaa nąįį
lęįį haa gook'eegaahtii nahąą.
Akwat t'ee giłts'ik dąį' tr'injaa nąįį
dzaa
k'izhaa gaa gaadii
goodheedhaat'it jyaa dagoorąhthan gwiizhik
   dzaa geedan t'ee diigwantą'.

Aii gwiizhik
jii dingin haa jyaa
gwint'aii jyaa darąhthan dehthat tr'iłdii.

Aii gwiizhik t'ee tr'iinin gwilik.

Yeedit Ąhbit t'ee jyaa diizhik ts'a'
vaagoodlit t'inchy'aa.
Khaiinjii dahan diłkhwąįį
t'inchy'aa.
Dinjii googaa giyeechaajil łii.

Aiits'a' nihdeiizhii
ts'a' zhyaa ree vavat jyaa ree dishizhik.

Akwat
it'ee vaa neeshraahaatth'ak
vaa neeshraahiltth'at ts'a' ree zhyaa
jyaa dii'in
chan neeshraa'oonahdįį.
Dzaa nihts'ii shoonjik chan jyaa dineiilik
ts'a' shriit'ąhkhyuk
t'ałthan gwiizhik it'ee tr'iinin goodlit.
Jii shigin tthak łąą ch'ichį' k'it t'iizhik.
Jyaa chan digwii'in t'oonchy'aa.
Jyaa gwizhrii digwii'in.
Zhyaa ree dak tr'aa'ee ts'a' geedąhzhrii
   adagaagii łii roo.
Zhyaa ree tr'injaa gwiizhik oozhee
diintł'eetsįį nihky'aa diinanleechyaa jyaa
   diginchy'aa roo.

Aii gwiizhik jii dak tr'ontą' ts'a'
diit'ąįį datthak
haa jyaa doonchy'aa.

My grandchild, it's as much work as a
   doctor, what we did.
He was all right after that.
That's the way we did a long time ago,
   through the generations.
Ah! grandchild,
there were a lot of women
that took care of each other, you see;
when they were in labor some women
would be there
sitting in front of them
holding their bodies, and they would also
   hold onto us.

Meanwhile
with both arms
we would hold her firmly up off the ground.
Then the child would be born.

Down there, Ąhbit they call her,
she was born like that.
She almost killed her mother,
she did.
Even the men got tired.

So I went down there and
I came in and sat in front of her.

She was in labor and had contractions.
She was in labor and just doing this,
this way.
She had contractions but they stopped.
She grabbed hold of me and then
shortly
while I was holding her the baby came.

My arms felt like they were dead.
That's what we always did.
That's all we did.
Nowadays they just lie flat on their backs
   and nobody helps them.

At that time when women
were in labor, that's how we treated them.

We would hold them up
with all our strength
and while we did that

133

Gwiizhik t'ee tr'iinin danatth'ak.
Chy'aa chan juk chan ree zhyaa ree dak
   gaa'ee ts'a' chan tr'iinin gwilik łii roo.

Aii ree
tr'injaa nąįį khaiinjich'iidhat gwik'it
   t'oonchy'aa.

Datthak zhyaa vach'at'oorąąh'ąįį roo.

Tr'injaa ghat nihłanjiineegwaadaa ts'a' łąą
nihłaraali' kwaa ts'a' zhyaa
diinch'at'oorąąh'ąįį nihts'ii diintthaathai'
   kak diinleechyaa haa dzaa tr'igwiłtthaii
   nahąą izhik łyaa shraragwaaghan nahąą.

Jyahts'a' t'ee shats'an tr'iinin
   atr'agwąąhthat.

Akwat diironta' kwaa ts'a' ree zhyaa dak
   tr'aa'ee izhik tr'ikhit ree ts'ik nint'aii
   gwanlįį gwich'in ree.

Diik'ąąhtii nąįį zhyaa ree
diinoolzhii roo.

Shitseii, łyaa dak tr'aa'ee
neeshraahchy'aa
adagaatsii łii giky'aaljik gwats'an łyaa
   ree goots'ii t'ihchy'aa roo.

Nihk'eerąąhtii gwintł'oo
shraragwaadhan
gwik'it t'igii'in kwaa.

Akwat
tr'agwazhraii
gwee'an googaa gwiheezyaa
jihnyaa googaa yeenin k'eegwaradal.
K'eegwaadhat gwitr'it t'inchy'aa
tr'agwazhraii jihnyaa googaa.

Noonlyaa
zhyaa ree
tr'injaa nąįį khaiinjich'iijii gwaał'in.

K'ik ts'ik k'idahotai' aii
gwach'aa tłik
aii jidii ghoo
gahtsik aii zhit
zhyaa ree nyą'

the baby would be born.
It used to be like that, but now women just
   lie down on their backs and that's the
   way they have kids now.
And
it seems like women suffer a lot that way.
Everybody used to help take care of the
   sick.
The women all took turns and really
they all took care of her and it was
a comfort to her when they took care of
   her, they held up her buttocks with
   their palms and eased her, you see.

That's the way I had my babies.

When nobody helps us, we just lie on our
   backs and I think the labor is harder.

The people who took care of us
all gathered around.
Grandchild, really, when they lie on their
   backs
they suffer
a lot, and since I found that out I don't
   approve of what they do.
When we used to take care of one
   another it
comforted us
but now they don't do that.
Now
even around here
it would be good;
I told them but they still go away [to have
   babies in the hospital].
It is the Lord's doing;
I tell them but they still do that.
And
also
I see a lot of these women suffer.
That straight, long, narrow basket,
and rags,
they made a round bundle
and inside it
they put soft moss

134

tsuu ts'a' geh dhaa zhit zhyaa tr'iinin
    jyaa digilik roo.

Akwat ree
gwahadaadhaa
giik'aa t'ilik ts'a' ree nihk'igiihiitł'uk ts'a'
    ree gookwaii łąįį
gaa neech'ahatrak ts'a' deedoodohoghal.

Aiits'a'
tr'iinin chan jyaa dinchy'aa ts'a' chan
jii vigin jyaa dinchy'aa ts'a' chan giyaa
    t'agah'in t'inchy'aa.
Ts'a' it'ee shriit'agąhtsii ts'a' dagant'ee
gwadąįį chan daganli' haa jyaa digii'in
    chan googąh'įį t'inchy'aa.
Aiitł'ee k'eegijuu gohju' hee k'ik ghoo zhit
    googilik t'iginchy'aa.

Łyaa gwiindhaa tr'iinin t'agąhthan
    t'iginchy'aa.

Shitseii, aii neegihiinjik googaa tr'iinin
    gwilik.
Geetak hee dachaavał kak googaa t'ee
    vashraatth'ak googaa t'ee val tr'aachaa
    gwinyaa t'oonchy'aa roo.
Aii ree shandaa akwaa.

It'ee
tr'eenjyaa gwiizhik
tr'iinin gwilik googaa
one day gwizhrii hee adak'aa t'iich'ik
    adan zhrii.
Gwiizhik jyaa haadhak.
Chan jyaa digii'in gwizhrii.

Ch'ihłan drin gwizhrii ree it'ee ree
tr'iinin tsyaaghal ts'a' t'ee ree
dazhoo ik zhit hee ree tr'iinin ree
    vitsit dhidii.
Aii gwiizhik chan it'ee val googaa chan
    ts'a' k'eegwaadhat aii ineehahdak roo.

Aii shitseii
gwintł'oo dinjii duulee nilįį nąįį yeenaa
    gwiindaii.

and rabbit skins, and inside that they
    put the baby.
And
they put something warm on it
and laced it up from the feet to the neck
and drew a skin around it and bundled
    it up.
Then
the child was like that
and they fixed its arms like this.
When they got a little bit bigger
they would let their arms loose.
After they started to crawl around, they
    finally put them in that basket.

They kept the babies very warm.

Grandchild, even though they were out
    there traveling around, the babies would
    be born.
Sometimes even when she was in labor
    she would be riding on the toboggan,
    so they say.
That didn't happen during my lifetime.
Then
while they were moving around
she would have the baby but
she would stay alone behind the rest
    for one day.
Meanwhile, the others would leave.
That's just what they did.

For only one day, then
she put the little infant
like that inside her fur parka
and the baby
stayed inside her clothing.
She would even have a sled of her own and
    pull it herself.
Ah, grandchild,
those people were really hardy that lived
    at that time.

20 Family history and life in the old days

Belle tells about the establishment of Shuman House, her family's usual permanent residence. She calls John Shuman, who first settled there, "mother's brother." It is not clear whether he was actually her mother's brother, or the son of her mother's sister; if the latter, he must have been around the same age as Belle's mother for her to call him by that kin term. William Ch'atth'aiindee, also called William Shuman, was John Shuman's brother. She remembers the coming of gas-driven boats, candles, and lanterns, and describes how people lit their houses in the old days. Then she tells something about traditional sewing and cooking, and gives a detailed description of the day-to-day work of women during winter nomadic hunts. She remembers the life of orphans and tells about the orphans she herself raised. Finally, she tells the story of another long-lived woman, whom she imitates by her devoted work for the church.

[Alice asked who lived at Shuman House.]

Shee'ii John Shuman ree
aii tr'ookit t'inchy'aa kwaa.
Aii gehnaa Nildhat Ti' viti'
aii zhat gwinch'i'
gwinyaa.

Gehnaa nan goodlit gwats'an naa
łagwaazhyaa ts'a' khik zhyaa dinjii
gwats'a' k'eegwaadhat goo'aii t'oonchy'aa.
Kwat t'ee łi'haa dinjii geełee haajil izhik
t'ee zhat niriin'oo gǫǫ.

Aii t'ee shee'ii
Deetree John oozhii
aii vakwaiik'it
zhat adant'ee t'inchy'a' akwat ts'a' izhik
zhat niriin'oo ts'a' t'ee łyaa zhyaa
nakhwakwaiik'it goodlit.

Jyaa doonchy'aa t'oonchy'aa nan goodlit
gwats'an zhyaa
yeenjit
Simon vanahkak chan.
Gehjit Diikwai' Dhich'ii garahnyaa chan.
Jyaa doonchy'aa t'oonchy'aa.
Zhik tthak zhyaa dinjii zhuu kwaiik'it
łañ ninghuk kwaa ts'a' nihk'ehji' t'an-
ginchy'aa gwaatth'aa t'oonchy'aa.

My uncle, John Shuman,
was not the first one.
Before that Nildhat Ti''s father
settled there
so they say.

Before then, ever since the earth came to
be, throughout the years, people always
used to go and stay there.
And after everybody left, that's when we
came.

That was my uncle,
Deetree John they called him;
it was his village
and so he stayed there too, and when we
got there it became our village.

And the same way, ever since the earth
began,
up there,
the place called Simon [Francis's] place is
like that too.
Up above there is what they call Diikwai'
Dhich'ii too.
That's the way it is.
All the Indian people's settlements
are all along the river up that way.

[Alice asks a question.]

Zhat ninii'oo
izhik gwats'at t'ee launch goodlit
   t'oonchy'aa roo.
Aii yaaghat gasoline
chan gasoline tr'iiłk'a' chan,
aii t'ee tr'ookit.

When we two got there
is when they started to have a launch.
And that gasoline,
the gasoline that burns [in lamps] too,
that was the first time.

[Alice asks a question.]

Łąįį haa zhrii łiriidaa
geeghaii ts'a' akwaa roo.
Kheedai' gwats'an it'ee
nan nagoodlit tł'ee vijuu gwanaa gwats'an
   t'ee ree
łąįį jyaa rihiłjil roo.
Akwat yi'eenaa duuyee łąįį ehdan duuyee.

We only traveled with dogs,
that's all we could do.
A few years back,
after you were born, a little while after
   that,
we stopped using dogs.
Before that there was no way we could
   get around without dogs.

[Alice asks a question.]

Old Crow gwich'in nąįį t'ee ch'andaa ts'a'
yi'eenji' Peel River garahnyaa
izhik gwinii vaanoodlit chil'ee zhyaa
diinshii
ajyaa t'ee
outside gwats'a' neegihiijyaa
kwaii t'ii'in dǫhłii.
Gwintł'oo dinjii chil'ee lęįį nąįį kwaii
   ach'ał'al tł'ee dzaa tr'ikhit nee-
   shraałchy'aa.

The Old Crow people
up at what they call Peel River,
just some rich white people
used to eat
at our place;
they were going Outside,
I think.
I fed a lot of those rich people, and now
   I am very poor here.

Aii datthak łąįį haa
vaanoodlit tr'ik neehiijyaa googaa tthak
   łąįį haa zhrii.
Shitseii, łyaa łąįį t'agwąąhchy'aa ch'adąį'
   łąįį googaa tthak jyaa rihiłjil roo.

They all had dog teams,
all of them, even the white women traveled
   with dog teams.
Grandchild, we really used dogs then, but
   now we've stopped.

[Alice asks a question.]

Izhik t'ee k'ii tr'ii chan gwanlįį
tr'ihchoo
launch it'ee izhik gwanaa
nitsii tr'ookit launch
oonjik chan gasoline diłk'ą'.

At that time they had birchbark canoes
and big boats,
and also a launch; at that time
your grandpa was the first man
who bought a launch that burned gasoline.

Aaa! shitseii
łąą
launch yeedit launch tseedhaa
dhidlit gwąąh'in łii aii zhyaa oonjik łii roo.
Launch haa k'eediinoozhik haa ree
    deegwinyaa li'.
It'ee łi'haa
dinee aakin ch'iidlii ts'ąįį.
Akwat nitsii chan ree cigar chan ree diłk'a'.

Aaa! zhyaa ree
aakin tr'agwaa'įį haa zhyaa ree.

Akwat chan jidii
ch'iitsiidlii choo įidii
veek'eeraazhik
aii chan ree.

Ah! grandchild,
really,
when he heard that launch down there
    was for sale,
he went and saw it and then he just
    bought it.

So they started to say, take us here and
    there in the launch.
And really,
it was just amazing how it was.
And your grandpa was smoking a cigar too.

Ah! we just
stared at him in the boat.

And then we also
had a Victrola
that you put
that thing on.

139

Aaa! shitseii
gwintł'oo aakin ch'iidlii.
Tr'iginkhii dinjii dąąhchy'aa
gwik'it t'ee t'oonchy'aa.
Gwintł'oo aakin ch'igwiidlii gavaa
    gwaatsii.
Gwintł'oo ninghit kwaa datthak vagoodlit
    t'inchy'aa.

Kwat t'ee
gwikii khwaii daak'a' ts'ik zhrii
ts'a' gehnaa chan t'ee
neejok dhaa zhit
khwaii oodit kheegaazhik aii
jidii vizhit gwanłįį ch'iitsii tyąh
tsal tł'eegaadhak.
Aii zhit
dohshroo dagąįį
gandoo aii giighwai' zhit tilik gąąht'aii
    aii chan gahdrii.
Tł'ee vijuu gwanaa t'ee khwaii daak'a'
    ts'ik goodlit.

Aiitł'ee vijuu gwanaa chan
chųų daak'a'
aiitł'ee vijuu gwanaa chan gasoline.

Jyaa digwii'in naałigweedhaa
aii datthak shandaa gwizhrii t'igwii'in.

Aaa! neeshreegwąąhchy'a' t'oonchy'aa,
    jyaa doonchy'aa chan gaagwiindaii kwaa
    chan gwiginghan.

Oondaa
deedak
łuh oo'ok łuh neegahtraa ditį'
tł'oo tsal giiteelii haa
dachan k'iighai' gwich'in
dak łigeelyaa ts'a' oozhee chan nahjyaa
    dinchy'aa diitii łeegaathak ts'a' łuh
    diitii nihts'ii gwaghaih t'inchy'aa k'iidak
    ts'a' oodee k'iidak giin'ee chan dachan
    t'inchy'aa aii haa
łuh dhagąįį gahtsik roo.

Akwat aii oondaa gwaak'a' roo
dachan.

Gwaak'a' ts'a' ree
gwizhit tthak ch'aadrii roo.

Ah! grandchild, it was really something!
As many people as go to church,
that's how many were out there.
It was fascinating to them.
Those things came about not very long ago.

Then
before that there were only candles
and before that
they brought oil down
from the north in sealskins and
whenever they got a little metal can
in it, in the grease,
they twisted a white cloth
and burned that for a candle, to give light.

Then after that candles came around.

After that, then,
kerosene,
and after that, gasoline.

That's how we did down through the years
and it all happened during my lifetime.

Ah! it was very poor, we didn't know any-
    thing about those things, but they made
    things.

Down there
down on the ground
they mixed dirt and sand and stuff like that
with a little grass and
I think they used a log to hold it,
and they piled it up one on the other, and
    there was thick moss in between it too,
    it was thick, with sand on both sides,
    and a log sticking up in the middle;
that was how it was,
and they mixed dirt with it.
And then they kept a fire going in the
    middle
on the log.

When that fire was going
the inside of the room was lit up.

140

Aiitł'ee vijuu gwanaa izhik t'ee neejok
    ghwai' chan
dohshroo gandoo zhit teegąąht'aii chan
    gahdrii
jyaa digii'in.
Aaa! shitseii
it'ee akǫ'.

[Alice asks a question.]

Tr'ihchoo goodlit
aii k'eiich'ii deeginlii aii
sell gahtsii k'iighai' k'eiich'ii tsal goodlit.
Tr'ookit chan gwintł'oo kwaa ts'a' jidii
    t'eegwaahchy'aa.

[Alice asks a question.]

Aaa! shitseii łyaa nehshrit gwinzįį goodlit
    k'it t'oonchy'aa t'oonchy'aa
khee gwanaa diik'eehąąhtyaa nagwahaah-
    tth'aa gwats'a' googaa łyaa gogwantrii
    ree.
Akhai' chan yeenii zhyaa chan gwach'aa
    chan oonii zhyaa ree nineegaadal.
Aii chan ree k'iighai' it'ee shriit'agwahtsii
    nagwaatth'at gwiizhik it'ee diinlat nąįį
    chan k'ąąhtii nagwaanąįį roo.
Jyaa digwii'in geh'an gwintsal gwinzįį
    t'oonchy'aa.

*[Alice asks if she remembers who lived at
Shuman House.]*

Shoondee nąįį zhrii
shoondee Esaias chan
daga'at haa
diihaa gwigwich'įį, shoondee Robert chan.
Aiits'a' shoondee Charley chan khik
    diihaa t'inchy'aa,
shaghoii Alexander chan.
Akwat ts'a' yeedee Henry chan ndaa ts'a'
    goonjik aii chan.

After that, they began to burn seal oil
on a piece of twisted cloth and made light
that way.
Ah! grandchild,
let's quit.

When the boat came around
they brought stuff
and sold it, and that's why we have things.
Not very much at first, only necessities.

Ah! grandchild, it just came around very
    slowly, that's how it was.
A few years back before we had our
    pensions and things, it was hard too.

But then they sent clothes over here from
    out there.
Because of that, we had some things before
    the pensions started.
That's what we did, that's why it was good.

My older brothers only,
my older brother Esaias
and his wife
were living with us, and my older brother
    Robert too.
And my older brother Charley always
    stayed with us too,
my brother-in-law Alexander too.
Then up there was Henry, too, and later
    he got married.

Akwat ts'a' juu zhat goihch'i' yindhan
   tthak diihaa gwich'įį ts'a' gwizhrii ts'a'
   khik dinjii gwanlįį roo.
Gwiizhik yeenii chan tr'ikhit łiriidaa.

Akwat nagahaazhrii nąįį chan yee'at
   gwats'a' jyaa dii'in
ts'a' łyaa dinjii gwanlįį gaa nihk'it
   t'igwiichy'aa roo.

Kwat ts'a'
yaagha' Joe Ward chan yeeneenjuk hee
   chan
t'inchy'aa aii t'ee shigii neehidik hee tł'ee
   t'ii'in.
Aii chan nihkhan niłaraa'in kwaa.
Khyąh haa gwitr'it t'agwagwah'in ts'a'
   gwizhrii nagaazhrii kwaii haa, ndaa ts'a'
   chan nihłaa nagaazhrii
ts'a' gwizhrii ree.

Łąą dinjii ehdan nagwaaghii kwaa roo.
Gwintł'oo shoondee nąįį jyaa dashagah'in
   haa łąą
giveh'at ninghuk zhyaa than t'iichy'aa
   kwaa roo.
Francis chan khik diihaa t'inchy'aa
injyaa haa.
Geetak chan shaghoii David chan ree.

[Alice asks where they got beads.]

Yeenjit Old Crow Cadzow store gwąh'e'
   dąį'
aaa! daatł'oo t'inchy'aa.
Yahadanchii ts'a' tseedhaa yahtsii t'inchy'aa.
Shigii Sam tr'ookit tseedhaa iłtsąįį izhik
   sheenjit yuunjik t'inchy'aa.
Gwintł'oo vaa laraa nitsii dhałtsąįį
aii
tr'oonadhak
haa chan toh shiłtsąįį.

Whoever wanted to live there, they all
   stayed with us, and so there were always
   plenty of people around.
Besides that, there were always people
   traveling up that way.
People who were going to go hunting went
   over there too.
So there were always a lot of people
   there all the time.

And then
that man Joe Ward lived up above us,
after my son started to walk.
We didn't see each other very often.
All they did was trap and hunt, and later
   on they hunted together,
and that's all they did.

There was never a time when there were
   no people.
That's the way my brothers treated me and
   I really
never stayed alone for a very long time.
Francis and his wife always
stayed with us too.
Sometimes my brother-in-law David too.

When Cadzow had a store over at Old Crow
ah! it was expensive.
He counted every bead and sold them
   for furs.
When my son Sam made his first catch of
   furs, he bought some for me.
I made a lot of money with that,
and what
was left over
he made this walking stick with.

142

Tr'injaa nąįį ch'agahkhii roo.
Vadzaih dhaa dazhoo
gahkhii ts'a' ik giyahtsii ts'a'
dazhoo thal chan giyahtsii
vitsii vakwai' jyaa dinchy'aa.

Aiits'a'
jii tthak jyaa dinchy'aa.
Jyaa dąhthee naa'ai' ts'a' giyaa
    khathalchaa.

Akwat ts'a'
dazhoo thał
heelyaa chan gahkhii
ik heelyaa chan gahkhii.

Aiitł'ee dagakąį' nąįį
dazhoo dzirh chan gahtsii aii chan gwitsįį.

Akwat chan geh ts'ee gitł'uu dzaa gwitsįį
    ts'a' ree
dinjii zhyaa
gwiindhaa, gwiink'oo googaa diginin kak
ch'agahąhdak.

Gwintł'oo
gwiindhaa
t'iginchy'aa.
Aii tr'injaa chan ree
aii chan
dazhoo thal vakwai' vitsįį zhoo'yuu.

Akwat t'ee
dazhoo ik
dazhoo ts'aii goots'a' t'inchy'aa tr'injaa nąįį
andiitįį.
Aiits'a' dazhoo ts'ąįį gwizhrii givehłi' goo'ik
    haa tthat dazhoo ts'ąįį goothai' ts'ąįį
    nahąą.

Aii gwiizhik chan dazhoo dzirh zhit giiljik.
Geedan t'ee chan geh tseh.
Aaa! shitseii, gwintł'oo gwiindhaa dago-
    hotł'ii t'agoorahnyaa.

Akwat
dinjii aii
tr'injaa ch'ahkhii jyaa dii'in gwiizhik t'ee
    dachaaval aih haa ahtsii.
Aii dachaaval ahtsik aii chan tr'ahgąįį
    k'iighai' nizįį.

The women tanned skins.
They tanned caribou skins with the fur on
and made parkas with them and
they made fur pants
with feet attached, like this.
And then
there were fringes around the top.
It was this long, and they tied a cord
    around it as a belt.
And then
they tanned
the skin they would make fur pants with
and they tanned skins to make parkas.

And for their husbands
they also made fur mittens.

Then they wove rabbit skins together for
    a cap,
and the man was really
warm, even though it was cold,
they would wipe their faces.

They were really
warm
dressed that way.
And the women
also
wore fur pants with feet attached.

And
the fur parka
had the fur inside, that's how the women
wore their parkas.
And the fur was always inside, their pants
    and parkas all had fur inside, you see.

And also they wore fur mittens.
They too wore rabbit-skin caps.
Ah! grandchild, they really dressed warmly.

And
as for the man,
while the woman was tanning, he made
    toboggans and snowshoes.
The toboggan he made had to be dried
    first so it would be good.

[Alice asks a question.]

Aaa! shitseii
aii tthah choo
gwankatthak aiitł'ee at'oohju' hee khaiindoo
    haa.

Akwat gehdaa jyaa dii'in chan jii
    khaiindoo aii haa
jyaa dii'in.

Gwintł'oo
gogwantrii.

Juk ree thahtsal haa ree
akwat gwiizhik chan aii tr'injaa chan
    gwiizhik vaka'ahchy'aa.

Yeendaa
dachan łankheeraahtsi' joł aii haa
shih tsal oondaa gwaak'a' k'iindaa
    itich'igiił'ee.
Geetak hee
oodee tły'aa
gohochaa oo'ok
k'aii
thahtsal gahtsii aii itły'aach'igiłchaa ts'a'
    aii haa shih jyaa dagạhthan aii t'ee
    yeendaa needạạhvaa ts'a' gwiizhik t'ee
    gwitr'it t'agwagwah'in.

[Alice speaks.]

Tły'ah ts'ik aii t'ee
ch'adhah tły'aa vahochaa aii
oo'ok k'aii
zhrah k'it t'inchy'aa aii k'aii tsii gohochaa
    ts'a' dzaa shih geedzạạhtsit.
Jyaa dinchy'aa ts'a' oodee gohochaa.

Akwat ts'a' gał haa chan
gał ch'ok nihtsịị
gahtsii aii chan shih jyaa darạhthan aii
    chan oondaa itich'irịịł'ee roo.

Aiits'a' aii needarạạhchaa ts'a'
drin hee zhyaa vikehgaachy'aa.

Akwat lidii chan duuyee kwaa roo.
Lidii kwaa akwat shih gahvir aii shih ga'aa
    aii chụ' haa zhrii chan giichụ' dinii roo
jyaa gwizhrii ree.

Ah! grandchild,
with an awl
she poked holes and afterward the thread.

And she continued that way, poking the
    hole, then using
the thread.

It was very
difficult.

Nowadays there are needles.
And while the woman was doing that,
    she also cooked.
Then
they shaped roasting sticks and on them
they would cook pieces of food over the fire

Sometimes
there was a string
tied above the fire
and they would make
a little willow skewer and tie it to it, and
    while they went about their work, they
    would have that suspended above the fire
    cooking the meat.

It was a very thin string,
a skin string was tied to that
willow up there
like a hook and on that the meat was hung.
It was tied up above like that.

And then they would take a stick
pointed on both ends,
and put the food on it and cook it by the
    fire like that too.
And they would keep turning it around,
and cook it that way all day.

Then there was no tea.
There was no tea, so they boiled food and
    drank its broth, that's all they had to
    drink.

144

Aaa! shitseii
akwat ts'a' dinjii aih ahtsik
tł'ee chan tr'injaa yaghat ts'a'
at'oohju' hee chan yakwaihłąįį chan dinjii
    yats'a' tr'injii.

Akwat ts'a' yaaghat niivyaa chan heelyaa
    gwintł'oo vadzaih dhaa łęįį tr'ahkhii
    t'igwinyaa.

Aii
chan
tr'injaa nąįį yiighal ts'a' zhyaa ch'ihłok hee
    niivyaa eegatrak.
Jyaa digii'in nihts'igiinyaa ts'a'
zhik gwach'aa giighan aii ree geedąhthan,
geedąhthan gwizhrii.

Aaa! shitseii! gwintł'oo tr'injaa nąįį
    khaiinjich'igiłjik gwich'in.
Dinjii gwintł'oo gwitr'it t'agwah'in kwaa.

Akwat ts'a' tr'injaa
it'ee
yehdok tr'iinin nąįį chan
akwat gwach'aa tłik giikak diłchųų jidii
    dagats'at ch'aa kwaii haa.
Jyaa dinchy'aa ts'a' tr'iinin nąįį neegitł'uu
    gwiizhik it'ee ree dinjii ree
nahaazhrii gwats'a' gihijyaa,
gihijyaa ts'a' t'ee geedąhthan.
Tr'iinin nąįį neegitł'uk geedant'ee
    neegiitł'uk ts'a' t'ee
chahak ts'a'
yee'at dachaavał
aii kak
zhik niivyaa aii zhit noiidoo ts'a' jidii ts'ik
    diyahtsik jyaa digiyah'in jyaa dineegiyilik
    ts'a'
aii vakak t'ee jidii giizhit iłchųų digichyah-
    ch'aa haa jyaa dagah'in
aii gwizhit t'ee tr'iinin natsal nąįį
gaadlii.

Akwat łąįį chan łęįį kwaa googaa
gwiizhik tr'injaa chan gwiizhik
tr'iinin aghwaa gwiizhik
t'ii'in nahąą.

Ah! grandchild,
after the man made snowshoes,
then the women
would fill the snowshoes, and the men
    would put in the foot part later.
And if someone wanted to make a skin
    tent, she would have to tan a lot of
    caribou hides.

That
too
the women would work on and help each
    other, and make it really fast.
That's the way they did it, but
when they made their own clothes,
they did it by themselves.

Ah! grandchild, those women really had a
    hard time, I bet.
A man didn't work so hard.

And the women
and
the children also
slept on worn-out clothes and old torn
    blankets.
That was how it was, and the woman would
    dress the children while the man
got ready to go hunting,
and the men would leave and the others
    were alone.
They dressed the kids, and they also got
    dressed, and then
she would go outside and
over there was a toboggan;
on that
she rolled the skin tent into a cylinder
    and flapped it over again, and
on top of that, wrapped in what they slept
    in, and their torn mattresses, the little
    children
were put.
And there weren't many dogs, so
even though she was carrying a baby at
    the time,
she had to do this.

145

Akwat it'ee
tthak' val ch'ahchaa tr'iinin nąįį chan
    dilik it'ee
łąįį tły'ah dilik.

It'ee jeiinchy'aa
vał
niivyaa chan
yeedee k'it t'inch'ii
jyaa dąąhchy'aa
oodak haa'ee haa
veelin.
Aii oondaa dachaavał ki' ghat chan
    jeiinchy'aa oonjit vał ki' chan jyaa
    dinchy'aa.
Aii nji' ts'a' tr'iin'ee aii onta' nadhat.

Akwat oondaa
niriheenjyaa
khazhaagadhak
tł'ee ah chan oonaa nigiilik.

And then
she tied everything on the toboggan and
    put the kids on it and harnessed the
    dogs.
Then like that,
the toboggan
with the skin tent on top
and on top of that
as many kids as she had—
it was pretty high
around the edge.
The load was tied to the toboggan front
    and back.
A stick stuck out from the back and she
    held onto that.
And when
they arrived at their destination
they would shovel the snow out
and then put spruce boughs on top of it.

146

Aiits'a' gwizhit tthak na'aagiilik.
Aiitł'ee t'ee niivyaa chanh gwi'eegiitthaii.

Oodok
haa'ee chan tły'aa giyaa niivyaa chanh
  danaahtł'uu aii
jyaa digiyah'in.
Zhik k'iindaa dachan chan jyaa dinchy'aa
  aii chan oodee chan digiyahchaa.
Zhik tthak gogwahtsik tł'ee t'ee niivyaa
gwachan łihts'eegikhyuu ts'a' aii
jyaa digiyah'in.

Jyaa
digiyah'in gohch'it oodee gwinzįį
  deegiyahchaa ts'a'
giichan tthak
gwinzįį gwahtsii zhah
tthak
giichan needhak.

Aiitł'ee t'ee
yeendaa
kik
dachan nihts'įį niriichik.

Oo'ok
ts'iivii haaghoo aii vaghak kak łuh
aii keegii'in aii yeendaa gwiheek'ą' izhik
  jyaa digiyilik.
Dachan nihts'įį vaghaih t'inchy'aa aii
  gwintsal ehdak t'inchy'aa
gwiizhik it'ee gogwaahk'ik roo.

Aiits'a' oodee hee zhyaa
gwintsal jyaa doonchy'aa
googaa k'iidak
łat
haa jyaa digwii'in.

Aiits'a' yee'at gihdeech'agąąhvyaa ts'a'
  t'ee ree gwiindhaa.

Akwat
na'aagiilik ts'a'
jyaa digii'in niivyaa gagaahchaa aiitł'ee
it'ee ehjyaa traa chan oondok traa chan
khagikyaa aii
dagakhahk'at kak
tr'iinin aghwaa ji' googaa nihk'it.

Then they put spruce boughs down all
  over the tent spot.
And after that they put tent poles up all
  around the base.
Up there
there was a beam and they tied those
  sticks to it
like that.
There was a beam going the other way, and
  they tied that also.

After they put the frame together,
they tied the skin all around it,
like that.
Finally
they put the whole thing on the frame and
around the bottom edge
they banked it with snow
all
around the bottom.

After that
out in the middle
for the fireplace
they put a big log on each side.

Outside
they took dirt from the roots of a fallen tree
and piled it up in the fireplace.
There's a log on each side of it, and they
  piled dirt in the middle
and built a fire on top of it.

And up on top
there was a little opening
but even so
the smoke drew really well.

Then they put something over the
  doorway and it was warm.
Then
they spread spruce boughs and
tied the tent over it, and after that
they chopped firewood outside and
brought the firewood back
on their shoulders,
even if they were packing babies.

Akwat tr'iinin gwilęįį
nit'eeraahnąįį haa aii
tree googaa nihk'it.

Akwat ts'a'
traa oo'ee niilik chan aii traa jyaa dąhjyaa
    ree tr'ahtsii.
Yaa'at k'ii'ee ree zhyaa traa khadąąhk'at
    gwahtsik.
Aii gwiizhik tr'iinin nąįį ch'adąį' hee
    eegwaahk'ik k'ii'ee nihdeehahdal
aii gwiizhik t'ii'in.
Akwat aii traa ehdaa tr'andak ts'a' gwiizhik
    t'ee nahąą, gwiizhik
it'ee nihdahak ts'a'
chan it'ee akoh tr'ihee'aa eenjit chan
    gwitr'it t'agwah'in
zhyaa ree.
Aaa! shitseii! tr'injaa nąįį gwintł'oo
    neeshraahchy'aa ilii.
Eeriijyaa
geetak hee ch'araahk'ee
geetak hee akwaa.

Jyaa digwii'in haa
geenjyaa gwizhrii duuyee tr'igwich'įį
    t'igwinyaa.
Shin khaii haa nihk'it.
Gwihch'it zhyaa ree
nin da'an gwizhiik'įį k'it ree t'irinchy'aa
    ndaa ts'a'.

[Alice speaks.]

Shitseii, tr'injaa eetak gwitr'it t'agwah'in
    gitr'ii'ee k'it t'inchy'aa nąįį goozhee
    tr'ikhit łat gwanlįį hee'.

Zhyaa dinindee
chųų tr'andhadlaii ts'a' t'ee.
Ni'ęę vizhee gwan'at goo'ąįį ts'a' łąą łat
    tr'ihiłjii kwaa.

Izhik it'ee
dzaa tr'igwich'ii gwiizhik t'ee
Loola
Old Rampart gwats'at ginkhii dzaa nihee łii.

And the poor baby
just bounced around in back,
even if it was crying, just the same.

And then
she brought the wood and chopped it so
    long.
Out there she made a pile of wood.

Meanwhile, she'd already put her children
    inside, where she had a fire going
while she was doing that.
After she was done with the wood, and
    it was getting dark,
she went inside and
started working on their meal,
that's all.

Ah! grandchild, those poor women, they
    were just worked down.
The men came home
and sometimes they'd shot something,
and sometimes not.
Doing that,
they constantly moved around and never
    stayed in one place.
Summer and winter they did the same.
But now
people are just like animals sleeping
    in their dens.

Grandchild,
some women that don't like to work, it's
    like there's always a lot of smoke
    in their houses.
Tears
come out of our eyes.
My mother's house was outside the main
    settlement, and there was no smoke in it.
Then
while we were staying here,
Loola
the preacher came down from Old Rampart.

Aiits'a' oo'ok nijin hee zhuk dhidii łii.
Ni'ęę vizhee zhyaa ree gwiildrat.

Yeendee
dak naraazhii izhik shoondee videek'it
Englis ts'at iłtsuu
aii kak gwizų' hee izhik hee kwigwił'ąįį.
Ni'ęę vizhee gwizhrii ree kogwąh'e'
łat kwaa dǫhłii.

Aiits'a' oo'at gwa'an nijin t'inchy'aa
    tr'ikhit łat gwanłįį aiits'a' zhyaa ni'ęę
    vizhee zhyaa ree gwats'a' ch'irihilghaa
    k'it t'iizhik łii.

Aaa! shitseii! neeshreegwaahchy'aa gwitr'it
    gwint'aii gwaatsii.

Shitseii, nagaazhrii ch'agaahk'ee aii kwan
    geedaa t'igwinyaa.
Akwat khehłan t'oonchy'aa ji' gwintł'oo
    shih kwaa.

[Alice asks if all they did was hunt.]

Aii gwizhrį'
tr'injaa
chan thok
dinjii chan thok.

Aaa! shitseii! tr'injaa
gwilęįį tr'iinin nąįį di'įį gwiizhik
zhyaa ree
tr'ahadal akwat nats'aa.
Zhyaa ree joonchy'aa
gwintł'oo nadanagohochaa ts'a'
gwintsii gwitr'it nilįį aii ree.
Yeendaa nijin niheenjyaa izhik jyaa
    doonchy'aa neegwahahtsyaa tł'ee hee
    gohju' k'eeneegiheedal.
Gwintł'oo tr'ootree ts'a' t'agwahtsii łąą
    tr'injaa gwitr'it gwanlįį.
Duuyee tr'injaa k'eegwaadhat.

Oo'ok kweetee tr'aga'oo hee
shih tsal givintł'eegiitrak.

Akwat ts'a' ch'araahk'ee izhik chan nilįį
jyaa dinchy'aa oo'at gwizhit kwankit kak

I don't know where he stayed out there.
He always came to my mother's house.
Over in the corner
when people stayed here, was my older
    brother's bed,
and he put a Hudson's Bay blanket on it
and sat there on that nice bedding.
He always stayed in my mother's place,
I guess because there was no smoke there.
Where he stayed out there there was a lot
    of smoke, and so when he got tired of it
    he came over here to get away from it.

Ah! grandchild, times were very hard and
    people worked hard.

Grandchild, we survived on the food they
    hunted and shot.
If we stayed in one place, there wouldn't
    be any food.

That's all;
and women
did things by themselves
and men by themselves.

Ah! grandchild, the poor women
had the kids while
the men just went out hunting.
That's how it was.
It [the skin tent] was all tied here and
    there and
there was a lot of work to it.
When she got to her destination she had to
    put it all together again, and then the
    men would come back.
I feel like crying, that's how much the
    women worked.
Women could never give the orders.

When they [orphans] went out visiting
people would hand them something to eat.

Whenever anyone killed anything, too,
they gave them a little meat and they would

yahaachy'aa aii chan nitł'eeriitrak
jyaa gwizhrii chan ree digii'in.

Akwat ts'a' aii tr'iinin oondaa kwankit kak
    jyaa dii'in izhik hee nilįį tsal vintł'ee-
    rahchak aii daachy'aa,
aii a'aa ts'a' gwizhrii.

Aaa! shitseii! chiitee nąįį neeshraahchy'aa.

[Alice asks if she herself raised any orphans.]

Aaha' chiitee tik nąįį dinky'ałjik.
Chiitee k'eerąąhtii łyaa gwihil'ee izhik
    gwanaa gwinyaa chy'aa.

Jii shigii ree
jii vigii nivee teiindi'
aii gwats'at yeedit vigii.
Aii gwats'at jyaa dinchy'aa.
Jii t'ee shigii ts'a' jii t'ee vigii.
Aii jii chan vigii.

Aii
nich'it neekwąįį chiitee nilįį chan.
Aii shigii vigii aii vigii yeedit chyaatsal
    aii chan chiitee nilįį aii
datthak gintsal gwiizhik.
Jenny zhrii ree
yeendee Henry aii ree
shriit'ąhtsii, akwat oonjit gwizhrii hee gavaa
    kwarigwinli' aii dink'iginjik tł'ee hee
    geełee rihiijyaa ts'a' adan aii tr'oonjik
    t'inchy'aa.
Goohan nąįį tthak.

Deenaadąį' chiitee gwinlį' k'it łąą
    t'iginchy'aa.
Aii nitsii gook'ęęłtii.

Nitsii vee'ii gii nąįį t'inchy'aa ts'a'
yaa Gwichyaa duuyee shoondee nąįį eełee
    hahaii chy'aa giveh'an shoondee nąįį
    eełee rahaajil ts'a'
gook'ęęłtii ch'ihłee zhrii tr'oonjik t'inchy'aa
gohch'it ree shigii ch'ihłak zhrii gwanlįį
    chy'aa
vigii kwaii.

Aaa! shitseii, łyaa gwintsal shriit'ąhkhyuk
    gwįhdaii.

take it home and cook it over the fire,
that's all they did.
So that orphan would cook that meat over
    the fire and eat it,
that's all.

Ah! grandchild! the orphans had a hard
    time.

Yes, I raised three orphans.
In those days they said if you took care
    of orphans it did you good.

This son of mine,
his son was in the army [Sam's son Paul],
and down there is his son [Snooks].
And that is his son.

And there were also
two orphan girls.
My son's son's son, a little boy down
    there, became an orphan
when they were all small.
But Jenny
and Henry up here
were kind of big.
We stayed over there with them until
    they were all raised, and then she
    got married.
Their mother and all.
They were like orphans a long time ago.
Your grandfather took care of them.

There were your grandfather's uncle's
    children
down at Fort Yukon, and though before
    that we never would leave my older
    brothers, on their account we left my
    older brothers and
he took care of them, but we only took
    one of them.

I had only one child, and he
had some children.

Ah! grandchild, I have really lived a long
    time.

150

Jii ree shigii
jii chan vigii
jii chan vigii
jii juk chan chyaatsal vigii goodlit.
Dǫǫ hee nihzhyaaneedijii naa.
Łyaa zhyaa ninghuk gwįhdaii.

[Alice speaks.]

Shitseii, łyaa ninghuk gwįhdaii k'it
    t'oonchy'aa.
Dǫǫ nąįį ree.
Jii juk chyaatsal vigii goodlit kwaii haa
    dǫǫ nihzhyaaneedijii.
Aii chan oodhiijik ji' chan juk ree nich'it
    tsal k'eekwat hideeghal.

[Alice speaks.]

Deenaadąi' tr'injaa
tr'ikhit ninghuk gwiindaii nyaa vaihnyaa.
Veeriheedyaa gwats'a' gwintł'oo ninghuk
    gwiindaii gǫǫ ree yiyear aii ree haahtin
    kwaa.

Aiits'a'
chan veeraadii chan ninghuk veerindi'
    yahnyaa.
Aiits'a' aii vakąi'
chan vakwaa.
Aii gwats'at chan ninghuk gwiindaii
    yahnyaa.
Dąąhchy'aa year t'agwahnyaa vaashandaii
    kwaa roo.
Aii khik nitsii geeginkhii.

Akwat ts'a'
gohch'it chan tr'iginkhii gwizhit yeedit
    eenjik gwiizhik t'agwahnyaa
dǫhłii.
Viti' geeginkhii t'agwahnyaa dǫhłii.
Ndaa ts'a'
nijin vakąi' yindi' izhik khehłan gwizhrii
    t'inchy'aa yahnyaa.

Kwat ts'a' dakąi' giitł'uu ninghuk gwiindaii
tr'iginkhii zhee gaadha'ąįį gwizhrii ree.

This was my child,
and this was his child,
and then that one had a child,
and that little boy [Snooks] has a kid now.
That is four generations.
I have really lived a long time.

Grandchild, it's like I've really lived
    a long time.
Four generations.
This little boy had a kid, so that makes
    it four generations.
If I took that one, I'd have a little girl
    running around here.

Long ago there was a woman
who lived a long time, as I said.
Before she got married she had lived a
    long time, but she didn't count her years.

And then
after she got married, she was married for
    a long time, they say.
And then her husband died,
and she lived a long time after that.
I don't know how many years he said it was.
Your grandpa always talked about it.

And then
finally he lay dead in the church,
I guess.
His father talked about it, I guess.
From that time
she lived all the time where she was
    married, he said.
After her husband died, she lived a long
    time,
just working in the church.

151

Akwat ts'a' jyahts'a'
shandaa nitsii khik yeeginkhii t'ee.

Aiits'a'
dzaa geełee hihshii kwaa ts'a' ree
tr'iginkhii zhee gaadhii'aii izhik gwik'it
    oondaa tr'iginkhii zheh zhyaa khik laraa
    haa ree
angwałtsii.

Aii t'ee gaa gwitr'it t'agwał'in k'it
    t'ihchy'aa.

Akwat oondaa
zhee gwahtsii dąį'
nik'ehdaa laraa tsal haa
vantł'analzhik.

Akwat ts'a'
shits'i' hijyaa nąįį eenjit chan zhat
    gwigwee'in gwatsal gwałtsii ts'a'
    nitsii chan
daalaii chan veenjit oodhiijik.
Ginkhii nąįį laraa tee chan one hundred
    dollar.

Nineegwaalii
nigwindhat dąį'
chan ginkhii laraa nąįį tee chan
    jyaa dishizhik.

Akwat ts'a'
shitseii, izhik
zhyaa nitsii
tr'injaa
tr'iginkhii zhee ndaa naa'ąį' nyaa izhik
    gwik'it gwałtsii ts'a' jyaa dishi'in.
Tth'aii hee nihk'it ałdal t'oonchy'aa.

Aaa! shitseii! gwintł'oo
diinlak nąįį khaniljik gwachoo gwitsįį zhyaa
    shroonchy'aa tr'eedaa t'oonchy'aa.

Zhyaa diinlak nąįį yeenduk vaagwiindaii
    kwaa nąįį zhyaa ree k'iinii zhyaa ree
    laraa choo jyaa darah'in aii kwan
    zhyaa ree.

Ndaa ts'a' chiitee tr'ilik hee neeshree-
    gwaahchy'aa chy'aa.
Gwintł'oo

Then this is what your grandpa always
    said.

So
I don't go away from this place,
this woman always worked in the church,
    he said, so I do the same, I always
give money to the church.

It's just like I'm working there.
When he was building that church,
every now and then
I gave him a little money.

And then
I gave something to show for the people
    I have left behind; for your grandfather
I got the bell.
I gave them one hundred dollars.

When Easter
came
I always gave the church money too.

And so,
grandchild,
your grandpa
talked about that woman
who practically lived in the church and
    died there, and I tried to do the same.
And I am still doing it.

Ah! grandchild, really
our relatives worked hard, but now it's
    all just fun.
Our friends out there that we don't even
    know send us a lot of money and we
    survive on it.

It used to be that we were orphans, poor.
Really

tr'iinin ihłįį
dąi' ganaldaii kwaa ti'yaa nindhat dąi'
   gwanaa gwintł'oo
ni'ęę khahiljik googaa
gwintł'oo neeshreerąąhchy'a' chy'aa.

Chan dinjii
vagwąąhtł'oo t'adoolnąįį aii chan shits'i'
   an ilik chan chiitee neeshilik.

It'ee ree łi'haa neeshreehaałchy'aa yeenduk
nakhwalak nąįį gwinzįį shak'ąąhtii.
Shalak nąįį tthak
gwinzįį shak'ąąhtii gwintł'oo tsee'in
   nitsii ihłįį.

Yeedak
zhee kak geenjit
neeshraahchy'aa goohideenjyaa gwizhrii
   geenjit khik ishik'ik t'agwaihnyaa.

when I was a child
I don't remember when my father died,
   and then really
my mother worked hard but
we were still poor.

I married
A strong young man and then he died,
   and I was an orphan again.

I would have been very poor, but my
   friends outside
take good care of me.
All my relatives
take very good care of me and I am
   thankful for it.
And I constantly
pray for them
so the poor people will be safe, that's
   what I'm talking about.

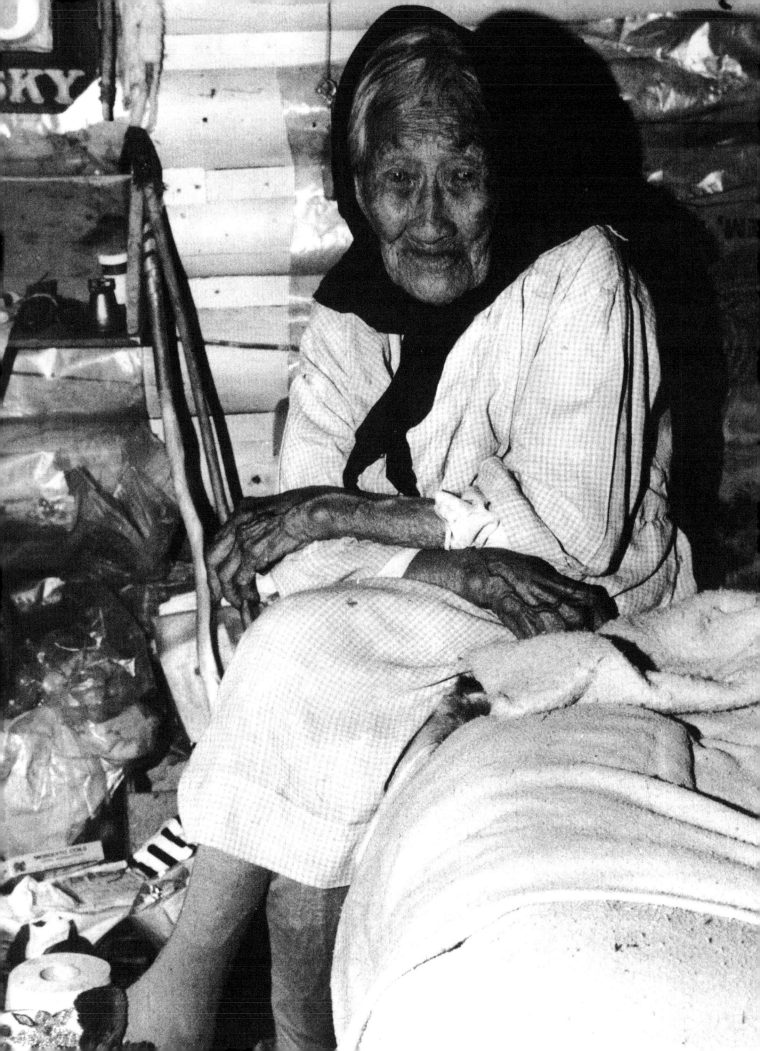

Belle tells what people used to use for bedding, describing the making of blankets from twined and woven rabbit-skins.

Shitseii łyaa
datthak gineedhaldee gwiizhik ree
    t'oohnyaa.
Łąą gwintł'oo gogwantrii
t'igwinyaa shitseii.
Aii tr'ookit ganaldaii t'ee gwihsheii
    gwatsal.

Łąą
zhik
geh dhaa
yaaghat geh dhaa
aii aii chan
vadzaih dhaa chan
aii haa
t'agwąąhchy'aa.

Akwat t'ee
dazhoo ts'at tr'ahtsii
aii vik'eevee tthak
tr'antthak, ts'a' vik'eevee tthak
tthak needhi'ee.

Akwat
vadzaih dhaa kheeky'uu
aii ree ditr'uu giyahnyaa akwat
aii ree t'ee chyah ts'a' yeezhee iłtsuu.
Tsuh chan nał'in kwaa
heedai' gwanaa gwats'an tsuh kįįriltin
    gwanlįį t'oonchy'aa.

Akwat ts'a'
geh dhaa
aii
neeradąąht'al ts'a'
jyaa dąhchyaa ts'a'
neeradąąht'al ts'a'
oondaa vindee k'it
gwankeeyiichy'ąh tr'agwahtsik.

Grandchild, really
I've forgotten all about that.
It was really hard,
so they say, grandchild.

The first time I remember, I remember
    only a little.

Really
that
rabbit skin,
that rabbit skin
and also
caribou skin
those
were all we used.

And then
we made fur blankets;
there was a fringe around the border,
we made a fringe, and all around it,
a fringe went all around.

And
caribou skins that had lost some hair,
which they called *ditr'uu*,
were put down for mattresses.
I never saw a pillow;
only recently did we start to use pillows.

And
the rabbit skin,
that
we cut around and around it and
made it about so wide and
as we cut around it in circles,
where the eye hole is
we made it a little wider.

Aii oo'ok chik geedzaarąąhtsuu ts'a'
tr'andoo ts'a'
gwiizhik chan ch'ihłak
chan
ch'itły'aa ch'irįįłt'uu ts'a' nihtsįį
   neeranlik
gał jyaa dąąhchy'aa aii
haa nahodoo ts'ik jyaa darah'in.
Jeiinch'ii choo kii gahtsik jyaa dąąhchy'aa
   giyahtsii dǫhłii.

It'ee geh ts'at tr'ihitł'uk.
Nihts'eegiihiitł'uk
gohch'it zhyaa
vizhit neekwąįį nihtsii gehdaa rahtsik łii.

Aii t'ee ditr'uu chyah ch'aa yeezhee ah kak
iłtsuu
aii kak tseegąąhzhii izhik gwak'aa
giizhit iłchųų.

We hung it up outside and
twisted it and
took another one
also
and wove them together, one after the
   other,
and took so many around a stick
and made them thin with that.

They made a big roll like this, about
   this big, I think.

Then we started weaving a rabbit blanket.

They started weaving it back and forth,
and finally
we had two of them made.

That ragged blanket was put on top of
   spruce boughs
and
they got all wrapped up in blankets on
   top of that
and slept in it.

156

22   Family history

The exact location of Chihshoo has not been determined. After Belle's father died, his widow and children became attached to his relatives as part of their band or extended family. Belle tells more about Ch'eeghwałti', who died at Fort Yukon while she and her mother were there. Apparently Belle's mother tried to provide for her children by giving them in adoption, but Belle and her younger brother were so unhappy to be parted from their family that their mother took them back. Belle tells how her mother traveled around with various relatives, eking out a living for her children as best she could, with the help of wealthier people. Finally Belle's mother was able to get a husband for her daughter, thus once again providing her family with a hunter. In pre-European times, a widow often married her late husband's brother.

Akwat gwiizhik
shriit'ahtsii ts'a'
tr'ijit ree oo'at traa nihdeeraadal
aii giriizhaa.
Ni'ęę tr'ijit vits'irinyaa gaa
drin hee hiljii ts'a' gwizhrii, it'ee gyah ts'a'
jyahts'a' gwizhrii.

Aiits'a' kheegwadadhaak'a' t'ee giidhan roo.

Aiits'a' zhyaa zhee gwizhit khehłak gwizhrii
   tseerąazhii chan diints'įį tr'igwich'ii kwaa
   ts'a'.

Aaa! shitseii gwintł'oo shih kwaa.
Akwat shitsuu nąįį
it'ee aanaii diigahnyaa googaa
   gook'eeragwahthat kwaa.
Diinzhee gwizhit gwizhrii tseerąazhii.

Juunchy'aa gohch'it
ndaa ts'a' łąįį
neekwąįį haa shachaa
shats'aii haa zhrii oo'ok traa tsal
yeetthan ree
aii vak'ach'iihtthal aii dachąaval chan
nats'aa gwik'iighai' dee tr'ijit
oo'ęę neiiluu li'.

During that time
we were big enough
to go out for firewood
and we worked hard at it.

We always helped my mother, for
she was gone all day to her rabbit snares,
that's all she did.

But we were able to keep the fire going!

And so we just stayed in one house by our-
   selves; we didn't have anyone living
   across from us.

Ah! grandchild, there was no food.

Then our older women relatives
told us to come over but we didn't do it.
We just stayed in our own house.

That's how it was, and finally
I took out two
dogs with my younger brother,
to get a little firewood in the woods
a ways from the house,
and I chopped it and loaded the sled,
and I wonder how I ever managed
to drag it all the way home?

157

Aii jyaa deii'in ts'a' gwiizhik ni'ęę
  gyah ts'a' hiljii.

Geh oo'ęę naazhik aii kwan zhyaa ree ndaa
  nikhweelyaa gwiizhik shitsuu nąįį
chan diik'eegąąhtii.

Aii shitsii gaa tth'aii gwandaii roo,
  Gwats'arikhyaa.

Aiits'a' shitsuu
ti'yąą veejii aii ree
shitsii googaa ęhdaa gwiindaii
  t'arahnyaa roo.

Łyaa ninghuk shitsuu gwandaii.

Łyaa zhyaa gwinzii diik'eegąąhtii ts'a'
  shitseii gohch'it it'ee
shriit'arąhtsii ts'a' yeendit
gwa'an
ch'aragwąh'ąįį ginyaa Circle.

Gee'eenjit ddhaa k'iinii nin'ee izhik hee
  t'igwii'in t'iginyaa.

Aiits'a' yaa deetthan izhik gwa'an chan
kha'in'ee chan gagahnyaa
Circle gęhjit.

Izhik gwa'an hee t'ee gwigwigwiiłkįį
  t'agoorahnyaa.

Akhai' gaanatąąhąįį ts'a'
izhik chan gwak'at shee'ii chan Maggie viti'
gwinyaa aii t'ee ni'ęę voondee t'arahnyaa.
Aii Maggie viti' vahan ni'ęę haa khehłak
  ti' gii'įį
gooti' ch'ihłak ginlįį.

Aiits'a'
aii
William Pilot ginyaa chan vachaa t'inchy'aa.
Aiits'a' aii chan veejii
[Personal name inaudible] vahan haa khehłak
  ti' gii'įį roo.

Akwat ts'a' aii shee'ii Maggie viti'
William Pilot haa
ni'ęę voondee vachaa haa ginlįį.

While I was doing that, my mother was
  out checking the snares.

She brought rabbits home and we lived
  on that, and my older women relatives
took care of us too.

My grandfather was even still alive then,
  Gwats'arikhyaa.

And also my old aunt,
my father's older sister,
lived longer than my grandfather, they say!

And this woman, my grandma, lived a
  very long time.

And she really took good care of us, grand-
  child, and finally,
when we were nearly grown, downriver
around there
at Circle, they said they struck gold.

They did that, so they said, in the
  mountains right above that place.

And up the slope there also
is a place called Kha'in'ee
above Circle.

That's where they staked their claims.

But it flooded over; then
my mother's brother, Maggie's father, was
  there,
so they said; now he was my mother's
  older brother.
And Maggie's father's mother and my
  mother had the same father,
their father was the same.

And so
that
William Pilot they say is also her
  younger brother.

And that one's older sister, too,
and [?'s] mother have the same father!

So then that uncle of mine, Maggie's father,
and William Pilot
are my mother's older and younger brothers

Akwat izhik chan ch'at'aroohchy'a'
izhik chan akwat t'ee shee'ii
vit'irihiiłchy'a' gǫǫ
tr'ihchoo it'ee goodlit.

It'ee izhik t'ee it'ee tr'ihchoo goodlit.

Googaa duuyee k'eiich'ii tr'ąąh'in.

Nats'ahts'a' gwik'iighai' k'eiich'ii
   tr'ahąąh'yaa gǫǫ?

Oonjit nijin
laraa aragwąh'ąįį izhik gwizhrii geenjit
vaagwitr'it t'aragwah'in eenjit gii'įį
   akwat nats'aa.

Aaa! shitseii ninghuk gwahaadhat tł'ee
   k'eiich'ii goodlit t'oonchy'aa.

It'ee łyaa dink'ihkhit
nigwiighit
aii gwiizhik ree
łąą
aii
Circle ch'aragwąh'ąįį.

Aii
shin gwiindhat ts'a' chan khaii neegweedhat.

Aiitł'ee
chan
shin neegwiidhat
izhik
it'ee at'oohju' hee t'ee
vaanoodlit, aii chan yaaghok gwiheechy'aa
   kwaa tr'ihchoo zhit gwizhrii.

Akwat ts'a'
izhik
t'ee
aiitł'ee
aii ch'aragwąh'ąįį gwinyaa
tr'ihchoo goodlit.
Tth'aii tr'ihchoo
gwiheelyaa gwats'a' hee
izhik t'ee Ch'aadzahti', tr'iiłk'ee
   gwinyaa t'oonchy'aa.

Akwat ts'a' izhik it'ee khik gach'arąh'įį.

Then they should have been with us there;
at that time there my mother's brother
was going to be with us but
then the boat started coming.

That's when the boat started coming.

Even so, we didn't see any trade goods.

How would we see any of those things?

Up there where
they struck gold was the only place
they had those things, because they were
   working.

Ah! grandchild, it was a long time before
   trade goods started coming in.

Then when I was almost grown,
that was the time
during which
they
really
struck gold at Circle.

That
summer passed and winter came again.

After that
another
summer came
and then
at last
a white man came, but he didn't stay here,
   he just came through in a boat.

Then
at that
time,
after that,
they said they struck gold,
and the boat started coming.
When the boat
had not yet come
was when they said somebody shot
   Ch'aadzahti'.

That marks the time when they struck
   gold.

Aii izhik tł'ee neegwilgǫ' khaii
   neegwiidhat
neegwilgǫ'.
June nan gwiizhik t'ee tr'injaa
dhiilit.

Aii t'ahthee hee.

Tth'aii hee łąą dinjii zhuh tee gwintł'oo
   k'eiich'ii gwanłįį
kwaa gwiizhik hee ree tr'injaa dhiidlit
   t'oonchy'aa.

Aii tr'injaa tth'aii hihłyaa
gwats'a'
dinjii
sheenjit oonjik ni'ęę.

Aiits'a'
doondee haa t'inchy'aa ts'a' shant'ee
   yeeduk ni'ęę
fish camp hee shaa
tseegąąhshii izhik hee gwizhrii t'irinchy'aa.

Akwat Gwichyaa Zhee gaariindaii kwaa roo.
Dinjii kwaa neegwaadhak akwat juu
duuyee łineeraadal
chy'aa zhyaa ree.

Deenaadąį' dinjii nąįį zhrii ree
tr'igwitil ginyaa gwik'it geenjit kwaiik'it
   gogwah'įį gwinyaa, izhik ree yeedit ree
   zhyaa juk
kwaiik'it gwintsii nagwaatth'at.

Jyaa doonchy'aa t'oonchy'aa
łyaa ninghit.

Akwat niti' t'ee izhik
tr'injaa dhiilit jihnyaa
gwats'a' shin
izhik t'ee shireeghwaa nyaa gǫǫ
niti'
ninghit gwanaa geegwaldak t'iihnyaa.

Akwat ts'a' shitseii ganaldaii kwaa ts'a'
   shoaahkat k'iighai' ree gwaldak t'iihnyaa
   roo.

Łyaa oihts'it ji' gitr'ii'ee googaa ree.

Łyaa zhyaa khaiits'a'
hee ree izhik ree ni'ęę sheenjit yunjik łii.

After that, spring came; winter passed
and spring came.
And that June I became
a woman.

That long ago.

There were no trade goods among the
   Natives yet
at the time when I became a woman.

I was still not a woman
when
she got a man
for me, my mother.

Then
he stayed with his older brother and I
   stayed down with my mother
at fish camp,
and that's all we did during that time.

Now we didn't even know about Ft. Yukon.

People didn't gather there at that time;
they couldn't assemble
in the old days, you see.

Long ago the people only
held feasts there, they say, and that was
   what they had that village for, but today
   that place down there
has become a big town.

That was the way it was
really long ago.

Well, your father once said
that during that summer
before I became a woman,
someone was packing him around;
that was your father
I'm talking about, a long time ago.

Well, grandchild, I didn't remember it, and
   then you asked me, so now I'm telling it!

I really wouldn't like to tell a lie, you know.

In early fall
was when my mother got a man for me.

Akwat ts'a'
khaii gwiindhat
akwat tł'ee chan shin gwiindhat.

Shitseii
jii khaii gwiindhat ts'a'
neegwilgǫ' ts'a'
izhik khaii t'ee khaiits'a' dinjii
    sheenjit oonjik.

Izhik
doondee haa t'inchy'aa.

Aiits'a'
khaii tthak gwiindhat ts'a' neegwilgǫ'
June nan t'ee tr'injaa dhiidlit t'oonchy'aa.

Jii
gwats'a'
khaii ch'ihłak
gwiindhat ts'a' dąįį t'ee tr'injaa dhiidlit roo.

Izhik zhat it'ee veesharąhchįį gǫǫ.

Tr'iginkhii zhee nirijyaa
gwak'at deedhishizhii ts'a' ookit tł'eedik
    zheegwadhaa gwanah'ee.
Aii gwiizhik ree
teedhakwąįį ts'a' zhyaa akǫǫ
łąą t'ee gwikįį shaa dhidii kwaa ts'a'
    nał'in chan kwaa gwiizhik zhyaa it'ee
    zhyaa vats'an shiriłtsąįį t'inchy'aa nahąą.

Aaa! shitseii
akwat ts'a'
it'ee chan hee ree doondee ts'eehoozhii łii.

Shitseii
gwintł'oo doondee eet'iindhan t'inchy'aa.

Yeendit, yee'at gwizh'in K'aiiroondak izhik
    voondee t'inchy'aa, aii chan goonjik.

Akwat ts'a' vigii goodlit tł'ee hee chan hee
    tr'iinin neegii'įį tł'ee hee
gohju' hee at'oohju' hee t'ee
shoonjik t'inchy'aa.

Tr'ookit tr'iinin goodlit
gwats'at tr'iinin goodlit
gwiizhik at'oohju' hee t'ee
ni'ęę yats'an shiłtsąįį.

And that
winter passed
and the next summer passed.

Grandchild,
this winter passed and
it thawed and
that winter, that fall she got a man for me.

Then
he was living with his brother.

And then
the whole winter passed and it thawed,
and in June I became a woman.

Before this
time
one winter
passed and in spring I became a woman.

That's when they married us.

We all went to church,
and when I came back out, he had a tent
    set up down on the shore.

Meanwhile,
he landed in a canoe and even though
he had never stayed with me, and I had
    never seen him before, they just went
    ahead and gave me to him, you see.

Ah! grandchild,
and then
he went back home to his older brother.

Grandchild,
he liked his older brother very much.

His older brother was staying over at
    Shuman House and he got married too.

And then after his son was born, and
    another child, then
finally that was when
my husband married me.

The first child was born,
and then the next child was born,
and then finally
my mother married me to him.

161

Ni'ęę gwileii khaniljik datthak chan ree
    gwinzii ch'at'aahchy'a' ree gwiltsaii.

Aaa! shitseii gwintł'oo
kwat t'ee yeenji' gwich'in t'inchy'aa
    akwat ree
vaashandaii kwaa ts'a' nał'in kwaa ree ts'a'
    vats'an eeshiriintrat.
Nih'an hee ree nihts'a' k'eegwaadhat tł'ee
    hee t'ee gohch'it hee t'ee nihłaa
    niriin'oo roo.

Aaa! shitseii
vaanoodlit chan haashandaii kwaa.
Nihky'aa kwaiik'it goodlii chan
    gaashandaii kwaa.

Aiits'a'
dzaa gwizhrii
Chalkyiitsik gwizhrii dink'iidhat t'oonchy'aa.

Yeendee
Chihshoo garahnyaa izhik shigwinli'
akwat ts'a' dzaa
dzaa gwizhrii dink'iidhat, nihky'aa
    kwaiik'it
duuyee gaashandaii.

Ti'yąą chan Gwichyaa niindhat t'inchy'aa.
Ti'yąą ganaldaii kwaa dąį' niindhat googaa
    vanaldaii kwaa t'oonchy'aa.

Akwat ts'a' ni'ęę
aiits'a' dzaa shitii nąįį
ti'yąą vats'aii.
Izhik dąį'
kheezhii gwinyaa nahąą.
Aiits'a' ooduk shee'ii nąįį gwanlįį
ni'ęę valak nąįį gwanlįį googaa dzaa
    ti'yąą valak nąįį tee ts'a'.

Neegiihił'e'
izhik gwits'ee nakhwahaadlii izhik gwizhrii
    t'iihchy'aa.

Gwats'a' Rikhyaa varahnyaa vizhyaa
vigii nąįį dǫǫ gwinli'.

My poor mother worked hard at this, to
    make everything easier for herself.

Ah, grandchild, he really
lived far upriver, so that
I didn't know him, hadn't even seen him,
    when they gave me to him.

We didn't live together for a long time,
    and then we finally got together!

Ah! grandchild,
I didn't even know about white men.
I didn't even know about other villages.

That is,
here in Chalkyitsik
is the only place I was raised.

Up country
at the place they call Chihshoo I was born,
and then
I was just raised here, so I had no way
of knowing about other villages.

My father died in Ft. Yukon.

I didn't know my father when he died, I
    don't even remember him.

Well then, my mother
and my father's brothers
stayed around here.

In those days
they called them Kheezhii, you see.

And south of here were my mother's
    brothers,
and my mother's relatives, but my father's
    relatives were all around here.

They sent us back
from there to this place, and so I just
    stayed here.

The one they called Gwats'a' Rikhyaa,
he had four children.

Aii
nąįį datthak dzaa t'iginchy'aa.

Akwat
nihky'aa gwich'in nąįį gwanłįį kwaa ts'a'
    t'irinchy'aa t'aragwahnyaa, zhyaa
    khehtak nihtee neegihiidal gwizhrii.
Akwat khehłan kwaiik'it gwits'eerihiidal
    kwaa ts'a'
nijin gwaragoodlii gwizhrii t'oonchy'aa
    t'igwinyaa.

Akwat
shitseii łyaa dinjii gwanłįį roo.
Duuyee goonaldaii.

Akwat ts'a'
aaa! shitseii zhyaa geeneegwaldak googaa
    gitr'ii'ee goo ree gwats'a' shǫǫhkak roo.

Aaa! shitseii, joonchy'aa
niivyaa chan ghat jyaa doonchy'aa
zhik k'iidak chan dachan kwaii haa'ee ts'a'
    oo'at nihdee gwiidįį izhik chan dazhoo
    ch'aa gihdeenvyaa.
Akwat yehdee gwankeeyiichy'a' gwachoo
    roo.
Datthak ah daadlii tanh kak zhyaa
zhik juu niht'aahchy'aa jyaa doonchy'aa
ditr'ii chyaa iłtsuu kak ree deetsiniichii
    gwizhrii ree.
Akwat zhik gwa'an chuntyąh, tyąą haa
duuyee.

Aaa! shitseii, gwintł'oo
geegirinkhii googaa neeshreegwaahchy'aa.

It'eełi' neeshreegwaahchy'aa ts'a'
geetak hee oo'ok neeshraahchy'aa nąįį
    neegwahaahky'aa kǫ' kwaa gwich'in.
Aiits'a' oo'ok neegwaahk'ik aii ts'an oondaa
    traa daak'a' łoąąhdak aii
yintł'eechik ts'a' aii haa oo'at
    kheeneegwahaaky'aa eenjit.
Jyaa dagwąhtsii t'ee neeshreegwaahchy'aa
    geegwaldak t'iihnyaa.

All those
people were living here.
Then
there were no people from other villages;
    we stayed here, and only the men
    traveled from place to place.
But we didn't travel from village to
    village,
we just made our own settlement wherever
    we happened to be.

Then,
grandchild, there were quite a few people;
I just can't remember.

Well,
ah! grandchild, I just keep on telling about
    them even though I don't want to, since
    you guys keep asking me!

Ah! grandchild, the way it was,
the bottom of the skin tent was this way,
and poles stuck straight up that way, and
    there was a flap of skin over the entrance

And up at the top was a big hole.

Cold spruce boughs were all over the floor,
and whatever married couple lived there
sat there on old skin mattresses with the
    hair worn off, that's all.
And there was no cup, or pot
at all.

Ah! grandchild,
we're talking a lot about it, even though
    it was very hard times.
Times were so hard that
some of the poor people out in the bush
    didn't even have matches, I guess.
And so they would get a piece of burning
    wood from whoever had a fire
and take it home to start their own fire.

That's how hard the times were that
    I'm telling about, I mean it.

Shitii
ginkhii vaanandaii
aii vachaa chan
Nahtryah John varahnyaa.

Stephen Choo nik'ee vanandaii,
aii vahan chan
yaaghat Ben vahan aii it'ee ti'yąą veejii
Loola vahan aii vitii ree.

Aii nąįį googii nąįį gwanlįį.

Akwat ts'a'
yaa shitii Henry Gwatsoo chan
aii
Vats'a' Gehtr'ooti'.

Akwat ts'a' aii shitsuu nąįį tthak
  giveeriilk'įį shitii nąįį chan
  geegiilk'įį geegįįhshii.

Akwat ts'a' shitsuu nąįį
aii Loola vahan tth'aii vakąį' vaagwandaii
  gwiyehkįį gwats'an ihłįį t'iihnyaa.
Aii chan shandaa vakwaa
yeendee Teetsik.

Akwat shitseii
akwat zhyaa
łyaa zhyaa dinjii lęįį
yaagha' sheek'aii Eliza nąįį
khehłaa nąįį tthak chan ree dzaa
t'iginchy'aa.

Akwat t'ee
dzaa jyaa doonchy'aa zhyaa gohch'it ree
  Shahnyaati' gwinyaa
aii aii t'ee tth'aii gwandaii hee nał'yą' chan.

Aiitł'ee vijuu gwanaa
it'ee
shagwąąhtł'oo
nigweedhaa gwiizhik it'ee vakwaa
aii Shahnyaati'.

Yeenaadąį' yeenji' nahkak Cheeghwałti'
  gwinyaa.

My father's brother,
you know, the preacher,
had a younger brother
called Nahtryah John.

And you know Stephen Choo,
his mother,
was Ben's mother and my father's
  older sister,
and he was Loola's mother's paternal
  uncle.
They had a lot of children.

And then
my father's brother Henry Gwatsoo also,
that one
Vats'a' Gehtr'oo's father.

Well, all the women of my grandmother's
  generation were married, and also all
  my father's brothers; that's what I'm
  talking about.

Well then, as for my great-aunts,
the one who was Loola's mother was still
  living with her husband at the time I was
  born, as I mentioned.
She died when I was there
up at Teetsik.

Well, grandchild,
there were
really a lot of people;
my aunt Eliza's family
all lived here too
together.

So then,
that's how it was here, and finally I saw
  the famous Shahnyaati'
who was still living at that time.

A few years later
when
I was bigger,
during that time then he died,
that Shahnyaati'.

Long ago they say Ch'eeghwałti' was
  in the upriver country.

Aii
aii googaa chan nal'ya̲'.

Aii t'ee shi̲i̲ t'ee shuu hadoii'a̲i̲i̲ Gwichyaa
  Zhee teerilchi̲i̲ hee.

Aii t'a̲hthee gwats'an khagwitr'it
  t'agwahool'ya'.

Khwa̲h haa oonjit Circle t'ihchy'aa gwiizhik
  teerilchi̲i̲ lii.

Ijii shitseii zhyaa oonjit hee gwats'at khwa̲a̲
  haa googaa neerihiidal ts'a' oo'at zhee
  geh'at Deets'at K'o̲o̲ gwit'iinla̲i̲i̲
izhik t'ee teekhwah'ol goozhii t'oonchy'aa
  oonjuk
Old Crow gwats'at hee khwa̲a̲ haa t'igii'in.

Shitseii, tsingwa̲a̲hchy'aa geegi̲i̲hshii
  t'iihnyaa.

Geetak hee ch'adhaa tr'ihchoo ree gahtsii,
ch'adhaa tr'ihchoo ree
aii langiida̲a̲hka̲i̲' ts'a' ch'ik'eh dat'an
  haa chan giizhit
ts'a̲i̲i̲ hee ch'ik'eh tthah deek'it
lantr'ada̲a̲hka̲i̲' tthah deek'it
ch'ik'eh haa t'igiyah'in.
Aii haa chan
ligiidaa.

Kwat la̲a̲ oonjuk googaa
tr'ih tr'ahtsii ts'a' gaashandaii kwaa la̲a̲
  ree tr'ih tr'ohtsyaa ts'a' t'oonchy'aa kwaa
  lii roo.
Zhyaa ddhah kak gwizhrii gwanli̲i̲ ako̲o̲
  nats'aa?

Aaa!
shitseii, gwintl'oo akwat
duuyee ligiidaa.

Dzaa gwee'an gwich'in na̲i̲i̲ tr'ih gahtsik.

It'ee
tr'ih da̲i̲i̲ gahtsik ts'a' gwitl'ee
khaiits'a'
neegwiheek'al gwats'a' gahadal.

Even
him I saw, too.

I was the one who watched over his
  deathbed when they brought him to
  Ft. Yukon.

It was that long ago that I started working
  for myself.

When I was living up at Circle, some
  people brought him down on a raft.

Why, grandchild, all that way down the
  river with a raft they traveled there,
  floating their raft to the mouth of the
  Sucker River;
they rafted there from far up
at Old Crow, they just did it with a raft.

Grandchild, it is a really remarkable
  thing I'm telling about.

Sometimes they made skin boats,
skin boats, you know;
they sewed it together and with sticky fat
they caulked the openings
along the seams,
they did it with fat.
And with that
they traveled.

But really,
I don't know if they even made canoes up
  river; why, they didn't really need canoes.

There are nothing but mountains there,
  so why would they?

Ah!
grandchild, then it was really
impossible to travel around.
The people living around here always
  made canoes.

Then
in early spring they would make canoes and
  after that
until fall
they would travel around by canoe.

Akwat ts'a' neegwiik'al ts'a' it'ee
  gwitł'ee gwahahgǫ' gwats'a' tthak chan
  geenjyaa.

Joe Khariidzee gwinyaa duuyee
gaanandaii
Circle Esias
aii vanandaii kwaa.

Aiits'a'
oodit t'ee vigii
Stanley Esias
vaanandaii
aii gooti' it'ee sheek'aii eedhidii.

Aii
ni'ęę aii zhyaa oo'an yuahshįį.
Aii sheek'aii t'ee khaii gavaa tr'injii
  aiits'a' oodee van juu hee ree.

Aaa! it'ee ti'yąą khaiits'a' niindhat
akwat ts'a' it'ee shin ts'a' t'ee dzaa
  gwits'ee it'ee ni'ęę dzaa gwits'ee
  diihaadlii.

Shachaa nąįį łyaa gootee gwintsal roo.

Izhik t'ee ginkhii Loola vintł'eesharąh-
  chįį łii.

They canoed around, and then after that
  they traveled around on foot until the
  thaw.

They talk about Joe Khariidzee—
you wouldn't know them—
and Esias from Circle—
you wouldn't know him either.

Well then,
his son down there,
Stanley Esias—
you know him—
his father [Esias] was married to my
  mother's sister.

So
my mother was just a distant relative
  to him.

We stayed with that aunt of mine all winter
  up at the place they call Van Juu.

Ah! my father had died that fall,
and then at the beginning of summer my
  mother took us back to here.

My younger brother was very small at
  that time.

That's when they gave me to the preacher
  Loola.

166

It'ee
dzaa
shin kheediiraadlii khaiits'a' ts'a' it'ee
    yi'eenji'
yeenjit Old Crow juhts'ąįį k'i'eenji'
gohch'it oonjuk
Ch'oonjik gwitł'it hee t'ee diinagwąąhgǫ'
    dǫhłii.

Aaa! shitseii
it'ee chan ch'adhaa
tr'ihchoo zhuh ji' tr'eenjyaa dinjik gaah-
    khwąįį aii dhaa teegogwąhjii łii roo.
Ts'a' oonjuk gwitł'it hee
ch'adhaa tr'ihchoo ginghan.
Akwat ts'a' it'ee nihts'ineeriijil.

Yaa Old Crow gęhjit
Tł'oo K'at gagahnyaa.
Gwintł'oo dinjii gwanlįį teeraajil.

Aiits'a' zhik
tthak
zhyaa ree zhee goghoo zhyaa
drah
gwintł'oo shih lęįį tr'aahkhwąįį łii.

Vadzaih ninindii
zhyaa izhik t'inchy'aa łii.

Akwat ts'a'
it'ee
ni'ęę gwileii vintł'eech'arachak aii
kwan danaa zhat ch'ihłęę t'iginchy'aa
gwidi' adaa nąįį.
Akwat ts'a' geedan t'ee chan
shih ch'ookwat zhee goo'ąįį.
Łii Kheetsik
izhik it'ee vadzaih thąį'
khwaii
ch'ik'eh
ch'igii
dhah, ch'adhaa inghii aii
tthak tr'ookwat t'igwinyaa.

Aii t'ee nji' ts'a' Englis nahkak ts'ąįį
    giihilii ree.

Then
that
summer people brought us back here and
    in the fall we went far upriver,
way up past Old Crow,
and finally up in the hills
at the headwaters of the Porcupine, the
    thaw came upon us, I think.

Ah! grandchild,
then we traveled
in a skin boat; they killed moose and
    saved the skins for that!
And way up at the headwaters
they made skin boats.
And then we started back downriver.

Now up at Old Crow
there's a place they call Tł'oo K'at.
There were a lot of people there when
    we arrived.
And that place
was entirely
covered with round houses
and caches,
and it seemed they had killed a lot of game.
The caribou were migrating
at that place, so it happened.

And so
then
they gave food to my poor mother,
and they also provided for all
our band.
In those days there was also
a store selling food there
at Kheetsik.
There they bought caribou meat,
grease,
fat,
and caribou calf
skins, and tanned skins,
all those things, they said.
Back in those days they took those things
    back up into Canada.

167

Akwat ts'a' zhat it'ee
neegwiheek'al gwats'a' jyaa dirinchy'aa
    izhik t'ee gwiizhik shoondee tth'aii
    diihaa dhidii.

Aiits'a'
dineełee hahaii kwaa.

Shoondee Erick aii ginkhii
Loola Englis ginkhii nilįį
aii haa gwich'ii.

Aiits'a' shoondee kit aii diihaa t'inchy'aa
    ts'a'
akhai' shoondee dakwai' dhatthaa łii
aiits'a' ehdit nilįį gwiizhik t'ee
    neegwiik'ii roo.

Aiits'a' konh
zhyaa konh choo ree zhee gwa'at dha'ąįį
    ree khik.

Izhik ree khehkwaii
nihdeediiriheelyaa gwiłtsąįį.

Izhik
it'ee chiitee lęįį tr'inlįį ts'a' ni'ęę
khadanoaahdii aiits'a'
jyaa didiniinlik aii konh zhit t'irinchy'aa ree.

It'ee gwik'iighai' chan
it'ee khaii shreenyaa gwandaa
it'ee gwee'an shitii nąįį it'ee goondii chan
    gwits'eerahoojil.

It'ee ti'yąą niindhat gwats'an gweedhaa
    nahąą geegwaldak t'iihnyaa.

Akwat ts'a'
dzaa chan gwak'at deeneeriijil kwaa ts'a'
    yee'at K'aiiroondak ree, shitii nąįį
    t'iginchy'aa izhik ree chan izhik it'ee
nineeraanąįį.

Akwat ts'a' t'ee ndak ts'a' chan neets'aii
    nahkak chan.

Jyaa dishi'in ts'a' ni'ęę tąįį hee łąįį neekwąįį
    zhrii haa googaa ni'ęę tąįį giinjii kwaa
    ts'a'
tąįį hee neediihaazhik.

So then
we stayed at that place until freeze-up,
    and my older brother was still staying
    with us then.

And
he didn't leave us.

My older brother Erick
lived with the preacher
Loola, who was a Canadian preacher.

And my eldest brother was staying with
    us and
he cut his foot with an axe,
so that he had to stay home while fall
    was approaching.

And there was a sod house,
just a big sod house there all the time.

The chief there
gave us that place to live.

At that time
we were poor orphans, so my mother
did what she could for us, and
he helped us, and we lived in the sod house.

That was the reason
that after the winter and spring
we came back here to be with my
    father's brothers.

You see, I'm telling about what happened
    from the time my father died.

And then
we didn't stop here, but went on to Shuman
    House, where my uncles were living,
    and there
we joined them.

Then we went up north to Neets'aii
    country too.

That's what we did, and my mother fol-
    lowed after them with only two dogs,
    even though my mother didn't know
    the trail, still
she took us everywhere they went.

168

Akwat izhik it'ee Łindee'aahti' gwinyaa
  gwiintth'ak
aii it'ee ree ni'ęę shee'ii yahnyaa.

Aii t'ee yeendak vagwaandaii.

Akhai' t'ee Neets'it Gwich'in nąįį
haa nikheegiindii.

Aii ree nihłaa t'igeechy'aa tł'ee t'ee ree
nihky'aa
neerihiijyaa ree shachaa zhik
ni'ęę shee'ii yahnyaa naihnyaa aii
  natł'ąhchįį.

Akhai' nihkheełeerahoondii ts'a' shachaa
  gwintł'oo tree łii
aiits'a' ree shitii oonaa yaa ni'ęę vatąįį yaa
  nineehozhii, chan ni'ęę nitł'eeneeyąhchįį.

Akwat ts'a'
t'ee ree gweedhaa chan hee
shitii haa gwits'eegohojil izhik chan aii
  shitii nąįį giveełee
diirihilii kwaa.

Well, then, you've heard of Łindee'aahti';
at that time my mother called him 'my
  mother's brother'.

He lived way up north [Arctic Village].

And then the Neets'it Gwich'in
all assembled together.

After they all dwelt together for a while,
we parted
and traveled away, and my mother
gave my younger brother to the man I
  mentioned, that she called 'uncle'.

And as we were departing, my younger
  brother cried a lot,
and so my father's brother came after my
  mother with him and gave him back
  to my mother.

And so
for some time after that
we came back home with my father's
  brother and after that
we never parted from them.

23 Some notable people; the coming of Christianity

Belle tells more about Ch'eeghwałti', whom she helped to nurse during his last illness. Like his son Roderick, Ch'eeghwałti' was a well known medicine man. Belle then tells a little about William Loola, a Gwich'in lay preacher trained by Archdeacon McDonald. William Loola died in 1916; his son Esaias Loola was for many years a leader at Fort Yukon and was the foster father of Katherine Peter, who worked on this book. William Loola was Belle's father's sister's son. The religious books Belle mentions can be identified from her descriptions. The combined hymnbook and prayer book was McDonald's first printed book in the Dagoo (Canadian) dialect of Gwich'in, published in 1873. The "big Bible" was published in 1898 and included all the translations of various books of the Bible that had previously been issued in separate editions. Even though these books were in a different regional dialect of their language and in a writing system that only partly represented the sounds of their language, many Alaskan Gwich'in people learned to read them well and developed a tradition of literacy based on them. Belle stresses how important hymn-singing (in Gwich'in) was in older times.

Rodrick nik'ee vaanandaii.
Aii viti' t'ee Ch'eeghwałti' oozhii t'inchy'aa.

Zhik tr'iikak googaa neehidik
    giyahnyaa roo,
k'eejit nilįį dąį'.
Yee'at nich'it
viti'
Peter
aii Peter viti'
vijuu
aii haa shii haa
vik'eeriiłtii.

Ch'eeghwałti' dazhan choo nilįį gwinyaa
    chy'aa tr'iijii yik'eełtįį.
Aii vigii nąįį tthak zhyaa ree gaatsii
    yeendit
Old Crow chan.
Gwintł'oo vehdaa
dinjii lęįį vats'an gwandaii t'inchy'aa roo.
    It'ee Roderick viti' Ch'eeghwałti'.

Akwat ts'a'
izhik
it'ee iłts'ik gwiizhik nał'in
zhat teeriłchįį roo.

You know Roderick.
His father's name was Ch'eeghwałti'.

They say his father was still walking
    around
when Roderick was a young man.
That girl over there's
father
was Peter
and Peter's father's
younger sister,
well, she and I
took care of him.

Ch'eeghwałti' was a big medicine man,
    they used to say, but there was no one
    to take care of him.
There were many of his children upriver
and at Old Crow.

He has many
descendants living today! That is,
    Roderick's father Ch'eeghwałti'.

So then,
at the time
when he was sick, I saw him
when they brought him down here by boat.

Akwat it'ee gwats'an vik'eehanołti'
vakwaa ts'a' gwizhrii gwikii nał'in kwaa.

Yeenji' gwich'in t'inchy'aa nats'aa.

Jyaa
it'ee gwizhrii nał'ya' t'inchy'aa.

Akwat ts'a' veegoldak ts'a' t'oonchy'aa
    kwaa.

Shuuhadoii'ąįį gwizhrii ree.

Akwat ts'a' yee'at
Rodrick vigii ree Mae oozhii.

Ch'ihłee chan Laura oozhii.

Aii vaanoodlit ch'ihłee chan
Schafer oozhii.

Aii Schafer t'ee Laura oonjik.

Aiits'a' Margaret
vagoodlit [personal name, inaudible] vahan.

Akwat ts'a' jii Mae
oodit
Richard Martin
aii
akwat ts'a' jii Margaret vigii seven łii roo.

Vigii seven gwanłįį tthak tsyaa ginlįį.

Ts'a' jii
ants'a' googii neegwiheelyaa dǫhłii łyaa
googwiheelyaa gwich'in.

Yęhjit Old Crow chan ree.

Aii Old Crow ree vigii ch'ihłak tr'injaa nąįį
    gwandaii chy'aa
aii chan vakwaa. Akwat viyeets'i' ree
    gwandaii gwinyaa.

Ants'a'
akwat łąą gwintł'oo ch'adan kwaiik'it
    gwats'an t'inchy'aa
nats'aa it'ee hahchyaa gwizhrii
    vik'eehaałtyaa goo'ąįį.

Yeedak ts'ąįį gwizhrii geeginkhii giyahnyaa.

From then on I started taking care of him,
until he died; I had never seen him before.

He lived way up river, that's why.
So
that was the only time I ever saw him.

So I have nothing to tell about him.

I watched over his deathbed, that's all.

Well now, over there
was Roderick's child named Mae.

Another was named Laura.

And there was one white man
named Schafer.

And that Schafer married Laura.

After that Margaret
was born, [inaudible]'s mother.

And then this Mae
had a son,
Richard Martin,
that one,
and that Margaret had seven children!

There were seven children, and they were
    all boys.

And those
others will have a lot of children too, I'll
    bet, they really
will be many, I think.

Up there at Old Crow too.

One of their children, a woman, used to
    live up at Old Crow,
but she died. I hear her daughter is
    still living.

The old man
was from a far-away village,
and that was the only time I took care of
    him, so that's all I know.

They say he only talked about heaven.

Aiits'a' dzaa zhyaa dinjii vaghaih dak a'ee
    dlok haa zhyaa dineegach'ahantii
    t'arahnyaa
gwik'it t'iizhik akhai' gwiizhik vizhii
    k'igwaanąįį zhyaa
tr'iikak zhyaa
neech'igihijik.

Tr'injaa nąįį chan
dinjii iłtsik chan
ts'a' tr'injii gaa.

Shitseii, łi'haa dinjii vah di'įį ree łąą
vaa tehk'aa t'ishi'yaa kwaa yahnyaa
shaagwaandak.

Ti'yąą zhrii hanjii zhyaa
ree viti' vik'ii gwiłtsąįį dǫhłii.
Googaa ree
hanjii zhrii ree nyaa.

Googaa vaa
tehk'aa t'ishi'ya' kwaa yahnyaa.
Vah nizįį di'įį.

Kwat juu
dazhan
k'eegwiichy'aa yaa t'ii'in
gwiizųų yaa t'ii'in kwaa ts'a' vaa zhyaa
    vak'aa vaa daa'ąįį.
Ginkhii oaałkat dąį'
akwat ts'a' gwinzįį
gininlyaa ts'a' t'inchy'aa.
Vak'aa vaa
gwinzįį ji' vak'aa vaa daa'ąįį t'oonchy'aa
jyaa shahnyaa.
Aii gwik'it
nakhwatsii gwileii Rodrick t'inchy'a'
    t'igwinyaa.

Viti' aii
veeriginkhii kwaa ts'ąįį nizįį.

Aii chan gwintł'oo
gavaa t'ihchy'aa kwaa ts'a' gwįhdaii
    tthak ree.

And then he would just lie here on his
    back, and he would look people up and
    down, smiling;
he did that and then even while his
    breath was failing
he always spoke
quite clearly.

Women always
take care of
men who are sick.

Grandchild, he was really a man who had
    a dream (a medicine man)
but he said, "I didn't do wrong with it,"
and he told me about it.

Only his father, almost—
I suppose his father made him angry.
However,
he just said "almost."

However,
"I never did wrong with it," he said.
He had a good dream.

Whoever
is a medicine man
does as he ought with it,
doesn't do evil with it; it is just that the
    dream is upon him.
When I asked a priest,
he said it was all right
for a person to have [shamanistic] dreams.
If his dream
is good, when the dream is upon him,
is what he told me.
That is how
our poor dear grandfather Roderick was,
    so they say.

As for his father,
it's better we don't talk about him.

Well, [as for the Loolas],
I never stayed with them in all my life.

173

Tr'iinin ihłii dąi' gwizhrii ree vintł'eeshiri-
    hiłkhaa akhai' gwits'i' t'ihchy'aa.

Va'at aii chan
yeenduk hee Shahnyaati' gwinyaa aii vijuu
    gii
aii t'ee William Loola yeedhidii gǫǫ.

Goohałjii kwaa t'iginchy'aa.

Akwat ts'a' dzat gwee'an t'ineechy'aa
    googaa chan yeenji' ts'ąįį chan t'ihchy'aa
    ts'a' yee'at chan t'ihchy'aa
ts'a' łąą ti'yąą gwileei nąįį hoołjii kwaa.

Tr'iinin nilįį dąi' gwats'an hee
ginkhii nilįį varahnyaa t'inchy'aa.

Akwat ts'a' ree yeenji' Englis nahkak ts'ąįį.

Akhai' dzat gwee'an vits'i' tthak neezhee-
    gwihiltth'at varahnyaa.

Dzaa ts'ąįį hee
gohch'it chan ginkhii choo giyiłtsąįį kwaa
    nahąą.

Aaa! gwintł'oo ninghuk ginkhii inli'
    t'inchy'aa.

Łyaa nishinyąąhchii.

Łyaa shiti' gwileei
ninghuk gwindaii googaa nał'ąą' kwaa.

Tr'iinin ihłįį dąi' chan yeenji'
akwat t'ee dinjii
ts'an dhiilit
ts'a' oodit Fish Camp hee chan.

Izhik gwizhrii zhyaa kwaragoodlii.

Gohch'it tr'iinin goodlit aii chan neehidik.

It'ee yeedi'
ts'ąįį chan tr'ahaajil.

Akwat ts'a' łąą
shiky'ąą nąįį haa t'ineeshichy'a' kwaa ts'a'
    tthak gookwaa goodlit.

When I was a child, they were going
    to give me to him, but I refused.

His wife, now,
was from over that way; they say she was
    Shahnyaati''s younger sister's daughter
who was married to William Loola.

I never did see them, though.

He was living around here, but then I was
    living up the other direction, so because
    I was far away
I never met with my dear father's
    people.

From the time he was a child
he was a preacher, so they say.

That was upriver, over in Canada.

And then he came down here, they say,
    when the place [Rampart] was relocated.

On this side
they never made him a minister, you know.

Ah! he was a preacher for a long time.

He became very old.

My poor dear father really
lived a long time but I never saw him.

When I was a child I was upriver
but then when
I was given to a man
I was down at Fish Camp.

That's the only place we stayed.

Finally the child was born and was
    walking around.

Then we went
down that way.

But I really
never went back to my family, and they
    all died.

174

Loola t'ee ti'yąą veejii gii t'arahnyaa
aii t'ee kit.

Aii
dahan nąįį deetak dhidii gwiizhik googaa
idęhtły'aa chan kwaa
gwanaa hee geegwaldak t'iihnyaa.

Aii chan yaaghat gwanaa hee dęhtły'aa
    goodlit t'oonchy'aa.

Dęhtły'aa jyaa dąhtsii tsal
aii
ch'ilik idęhtły'aa
vaa kharagidiinjii
Bible
aii haa nilįį tsal ree
khehłok.

Aii tr'ookit goodlit ts'a'
Neil
yeenjit
Old Crow shachaa Neil
gwandaii gwinyaa viti'
ginkhii dyąąhch'i'
aii McDonald oozhii.

Aii dęhtły'aa tthak inghan gwinyaa
Bible choh
aii googaa.

Shitseii
gwintł'oo
gwintł'oo gwintsii gwitr'it t'agwąh'ya'
    gwinyaa t'oonchy'aa.

Hee niinghit kwaa gwanaa
dęhtły'aa tthak goodlit t'oonchy'aa.
Zhyaa ree dęhtły'aa k'eejit
neerahaazhik gwiizhik shitii yeenjit nji' ts'a'
    vits'i' neezheegwihiltth'at ts'a' dzaa
    ts'ąįį t'inchy'aa.

Aii Loola
aii zhrii ree neerąąh'ik gwizhrii.

Akwat ts'a' tr'iinin ihłįį dąį' dzaa hee
    gwizhrii dalak nąįį tee t'inchy'aa.

Loola, now, was the son of my father's
    older sister, they say,
and he was the oldest.

He
was staying with his mother's family at
    that time, but
there were no books
at the time I'm telling about.

It was later on that books came.

There was a book this small,
that
hymn book,
a prayer book,
and a Bible
together in a small book,
combined.

Those were the first that came;
Neil
upriver
at Old Crow, my younger brother Neil
is still living, I hear; his father
was the preacher, the Old Man,
whose name was McDonald.

They say he made all those books,
and even that
big Bible.

Grandchild
he really
worked very greatly, so they say.

It was not very long ago
that all those books came out.
And just when the books were new,
my father's brother went upriver, then
    when the building was relocated, he
    stayed back on this side.

That was Loola,
we only saw him once in a while.

But when I was a child, he only stayed
    here with his relatives.

Akwat ts'a' dink'iidhat oodit
it'ee zhyaa tr'ihchoo
goodlit ts'a' shoondee chan tr'ihchoo tł'i'
    k'ąhndak dhidlit roo.

Aiits'a' oodit Fish Camp hee t'irinchy'aa
izhik
shee'ii gwileii nąįį zhyaa zhat gwa'an
    tseegąąhzhii łii.

Akwat ts'a'
Ch'eelil viti' nąįį haa
aii chan dyąąhch'i' vigii nąįį gwanlįį aii
    nąįį teegagąąchy'aa ts'a'.
Ch'anjaa gooteegwiłjik łii ts'a' izhik hee
aii t'ee Ch'eelil viti'.
Ch'eelil vahan aii viti'
aii.

Akwat ts'a' izhik gwizhrii hee t'irinchy'aa
    aii gooti' chan gehdit Beaver gehjųų hee
    White Eye gwinyaa gwiintth'ak aii White
    Eye t'ee voozhri' t'inchy'aa.
Aii ghaii gwizhrii chan
town gwagwaa'įį.
Tr'iinin shizhit
dhidii gwiizhik izhik hee gwąąl'in.
Oo'at
deedak gehdįį hee chan K'iidootin gagah-
    nyaa izhik k'iidįį t'ee
tr'ineeriijil ts'a'
Fish Camp hee ree
k'ineeriidal.

Duuyee geełee rihiijyaa.
Shigii k'idik tł'ee hee gohju'
zhyaa ree ch'ihłee ree
shoondee nąįį eh'at naraanąįį yiihthan
    akhai'
ch'ihłee googaa neerihiljii kwaa ts'a'
    shoondee kit zhrii ree shandaa vizhii
    kwaa oodi' nishiriltsit roo.

Akwat dzaa
chan ree shidyąąhch'i' shaa
idininjyaadhak ts'a' dzaa chan t'ihichy'aa
    kwaa gwich'in izhik ree shanach'aatan
    izhik t'ee t'ihchy'aa.

And when I grew up,
that was when boats
started coming and my older brother
    became a boat captain!
And then we were staying at Fish Camp
where
my dear old uncle [mother's brother] and
    his family were living too.

And also
there was Ch'eelil's father's family,
the old man and his many children, staying
    there then.
There were some older people among them
    who were married;
I'm talking about Ch'eelil's father.
Ch'eelil's mother and his father,
that is.

So then, that was the only place we lived;
    and farther down, above Beaver, was
    White Eye—you've heard of him—his
    name was White Eye.
At his homesite
a town grew up.
I was pregnant
and that was when I saw it.
Far away
up on the hill was the place they called
    K'iidootin, and through there
we traveled and then
we came back
to Fish Camp.

We wouldn't leave that place.
After my child arrived,
finally for just a while,
I thought, we left my older brothers, but
we never met them again, except when
    my eldest brother was dying and then
    they brought me down to see him.

So here we stayed,
my old man and I,
according to his wishes; I didn't think I
    would be like this, but I'm just frozen
    to this place.

Tr'ookit ginkhii ik'igwihiljik izhik dǫhłii,
   aaa! shitseii
gwintł'oo juk geech'oąąhtan kwaa
   t'oonchy'aa.

Gwintł'oo ginkhii gwitr'it t'agwąh'ya'
   t'oonchy'aa.

Drin hee
drin ch'ihłak, drin k'ideetak six days
   googaa datthak tr'iginkhii roo.

Neekwąįį tr'iginkhii drin zhit.

Aii gwiizhik chan geech'aroąąhtan.

Shitseii
nihłaa ginjagaaghoo
gǫh'it t'igwinyaa.

Aiits'a' ch'ilik chan haa deegwinyaa li'.

Aiits'a' t'ee geenihłaroąąhtan ants'a'
   geenihłaroąąhtan zhyaa ch'ilik
   diniighyaa ts'a'.

Yeedee chan ree
geech'aroąąhtan
gwinyaa zhyaa
ch'iriheetth'ak
oozhee dęhtły'aa
aii zhrii kwaii haa ik'irahaandal.

Akwat gwintł'oo ch'irihideetł'oo chan
   gwik'it ch'agąhjii kwaa łii roo.

Yeedak eenjit t'igwii'in kwaa ree.

Yeendaa
tr'iginkhii zheh aii yeedak geech'oąąhtan.
Gwintł'oo
tr'ookit gwintł'oo dinjii gwitr'it t'agwąh'ya'
   aii ch'anjaa nąįį giky'anjik nąįį tthak
   kwaa goodlit.
Juu gaandaii tsal nąįį tthak kwaa
   neegoholit.
Juk łąą
dęhtły'aa veegwitr'it t'aragwah'in kwaa roo.

 Akwat nats'aa vaagwiheendaii gǫǫ.

Shitseii
łąą akwat juk jyaa doonchy'aa ts'a'
oo'ok zhee goodlii
duuyee ginkhii ch'ilik gidlii nahąą.

That was the first time we knew a
   preacher, I guess. Ah! grandchild,
nowadays there is no one to teach.

The preacher really used to work hard.
Every day,
one day, a week, six days even they
   preached every day!

They preached twice on Sunday.

And besides that, they taught us.

Grandchild,
they talked in low voices together,
in secret.

And they also sang very loudly.

And so we taught each other, and then
   having taught each other we all sang
   together.

Up here now
they say there are
teachers but
we only listen to them
and look at the book,
and those things, that's all we do.

Then they didn't teach people to write
   very much, you see.

That was no use in heaven.

Up there
at the church they taught about heaven.
Really,
at first the people worked very hard, but
   those older people who learned that
   have all died.
The ones who learned a little have all
   died off.
Nowadays
we don't work on the books at all.

Well then, how will it be known?

Grandchild,
that's just the way it is today;
in those houses out there
they never sing hymns, you know.

Aii gwizhrii k'iidak ch'iihaahchik
   t'oonchy'aa.
Łi'haa, łi'haa
ch'iridlii diinzhee gwizhit ch'iridlii it'ee
łi'haa gwiheezyaa t'ee.

That's the only way we can make a
   joyful noise.
Really, really,
we ought to sing in our homes, and then
it would be really good.

178

24 Religion; fishtraps; the coming of airplanes; how a young man got a wife

Belle talks about how important Christianity is in her life. Reminded of the old days, she tells about the use of fishtraps woven from willows and spruce roots, and how eventually nets came into use. Another innovation she recalls is the airplane; this event occurred in 1925, as we know from Belle's mention of the Fort Yukon flu epidemic and the work of Burke, Rowe, and John Fredson. At the end of this account, Belle tells a little traditional story. The point of the story is that the old man had his adopted son marry not a pretty girl, but one who was a hard-working seamstress who would take good care of him and his household.

Aaa! shitseii
gwintł'oo
gwintł'oo zhyaa
akwat shik Bible jyaa daṛahthan
adant'ee.
Nideediinol'in dǫhłii.

Gohch'it diłkhyuk zhree ch'iihaahchii kwaa
    li' nyaa roo.

Ch'iridlii
tr'agwahtsii ji'
yeedak hee
aii gwizhrii diihideetth'ak.
Jyaa zhree geedan ginkhii nąįį
    geech'agoąatan
lęįį nąįį gavaa t'inchy'aa nahąą.
Izhik t'ee khazheerah'ee gahnyaa t'inchy'aa.

Akwat
gwintł'oo
tr'aah'in vik'iranjii dąį'
gwintł'oo aakin gwanlįį ts'a' t'igwii'in
    k'it t'oonchy'aa.
Adan kwat zhree
dinjii diihaa ginkhii k'it zhree t'inyaa.
Gwintł'oo vinkeerii'in ji'
gwiheezyaa dǫhłii.

Akǫǫ
gwandaii
gwandaii nilįį
adan zhree gookeerihee'al gwinyaa
    t'igwinyaa, aii oodąą nineerihee'al jyaa
    zhree gwinyaa zhree

Ah! grandchild,
really,
really we just
hold onto the Bible always,
and I do it myself.
Perhaps he is waiting for us.
I wonder why nobody has made a sound
    for so long, he says!

If we sing,
just make a sound,
up in heaven
he will hear us.
That's what the preachers used to teach,
and there were a lot of people staying with
    them, you see.
That's what they call a lot of shouting.

And then
when
we saw a lot about it we learned more
    about it;
it was really very new and interesting
    to us.
The Bible itself
is just like a man talking to us about it.
If we search for it hard,
it will be good, maybe.

Now
he lives,
he is alive,
he himself, they say, is going to come
    back, he will come back down from
    heaven, they say,

aii t'ee łi'haa
yiky'anjik
nąįį zhree
diginjik noonjii akǫǫ zhree zhik zhyaa
yiky'anjik
yik'it daanjik aii zhree khayilzhii aii haa
   zhree yuuheendal k'it chan zhree
   t'iginyaa t'iginchy'aa.
Tseenjyaa, tseenjyaa łi'haa łi'haa t'ee
   nahgwan.
Deegwihee'yaa ginyaa łyaa datthak juk
   gwik'it Bible zhit
deegwinyaa tthak gwik'it gweedhaa
   t'oonchy'aa.

Łi'haa tr'injaa tr'inłįį neeshreerahaahchy'aa
łi'haa neeshreerahaahchy'aa.

Neeshraahchy'aa shagoodiinyaa
veegwitr'it t'agwahadhał'ya' dąį'
gwintł'oo shats'a' ch'eegwanzhrii chy'aa.
Shidyąąhch'i'
vik'iitł'uu yeedit tr'igijiinjii zhee
   tr'iginkhii gwałtsii.

Sarah
Salmon shits'inyaa ts'a'
akwat dzaa gwizhit chan Bible
   eech'oąąłtan chan dzaa gwizhit.
Akwat nijii hee ginkhii nilįį nąįį dęhtły'aa
   vintł'eerahtsuu tsi' naachii roo.
Akwat jyahts'a' gwintsal shats'an
   gwigwiłtsaii.
Aakin ch'igwiidlii ts'a' shats'an gwaatsii.
Łyaa gadoiit'aii gaa zhree it'ee nał'in kwaa.

Yeedee gwa'an chan Bishop Rowe vipicture
   dhałtin t'oonchy'aa.
Aaa!
gwintł'oo sheet'igiindhan t'iginchy'aa.
Gavaał'ya' kwaa t'inchy'aa nats'aa it'ee
   gwizhrii neegavaal'ik zhree.
Akwat oo'ok hee t'ihchy'aa duuyee
   Gwichyaa Zhee gwihch'ii t'ihchy'aa
   deiinyaa.

and really,
the ones
who have learned of him
he will take back then, just
those who know him,
who have learned the way, he will take
   them and go with them to that place,
   that is the way it is.
Do that way, do that way, really, really,
   time is short.
What the Bible says will happen
is all happening right now.

Really, we women are very poor,
we are really poor.

I was poor but blessed,
and when I began to do the Lord's work,
it was very good for me.
My old man
left me behind down at the church and
   I made service.

Sarah
Salmon was helping me and
here in my house I taught the Bible too.

He had the lay reader's papers they gave
   him, but he lay down after that.
So in that way something happened with
   me.
I tried hard, but then I couldn't see any
   longer.

Somewhere up there I have Bishop Rowe's
   picture, too.
Ah!
They really liked me, he and his wife.
I only saw them once in a while.

I stayed out of town all the time, I didn't
   stay in Fort Yukon.

Akwat ts'a' neeshagaa'ik gwizhrii roo.
Shandaa chan ginkhii tr'iłtsąįį t'inchy'aa.
Bishop tr'iłtsąįį t'inchy'aa.

[They had a conversation about Mrs. Burke and the family, and the old pictures.]

Ooduk
Yukon
zhyaa kih chyaa choo jyaa dinchy'aa nahąą.

Aii yi'eendaa teetł'an
k'iindaa
dachan
eeshreegąąhkyaa
aii k'iindaa t'igilik ts'a' ah k'aii jyaa
    dinchy'aa aii nan zhit
khaih kharaahtsy'aa aii haa
tr'itł'uu ts'a'
łyaa ninjyaa
ts'a' jidii ts'ik njyaa gahtsii vizhit gweedii
    nilįį ts'a'
aiits'a' nihky'aa gwatrał khaih haa digi-
    yah'in aii nihky'aa jyaa dagah'in aii t'ee
    khii k'iidii hijyaa
vizhijyaa zhree,
aii ooduk hee.
Kwat ts'a' k'ǫǫ chan oodee da'andlee.

Aii chan k'iinji' jyaa dinchy'aa tr'ahtsii.
Aii gwats'an nji' ts'a' chan t'inchy'aa.

Aii t'ee
vizhit gwaghoo gwanlįį
vizhit ch'eelu'
t'oo vizhit deelzhii.

Aiits'a' oozhee vachan kak chan k'ii
    t'arąhthan.

Aiits'a'
deedraa tr'oohootaii tr'ahtsik.

Aiits'a' vaa di' gach'arakaii yit chųųtral
    dha'ąįį t'eełi'
łuk lęįį
ts'a' jyaa darah'in.
Da'andlee kwaa
ah
ghoo jidii ghoo tr'ahtsii vizhit rilii ts'a'
    k'aii vivęę jyaa darah'in ts'a' zhyaa jidii
    ts'ik njyaa tr'ahtsik.

They only saw me once in a while.
He was ordained while I was around.
He was made a bishop.

Down
around the Yukon
there was this big sandbar, you know.
Out around toward the middle
right out there
they made
a pointed pole
which they put across; then they took
    spruce roots from the ground;
they took the roots out and with them
they wove something and
really long
and narrow they made it, so that its
    inside was long, and
then they made a network of roots each
    way, extending from each side; and
    whatever salmon were going upstream
went into it,
that thing down there.
Right there in a small creek they set
    their fishtrap.
Up that way, we made it like that.
It extends farther up that way.

And
it had a round opening,
and into it little whitefish
swam.
Down on the bottom we put birchbark.

And
they made something to sit on; they made
    it very strong.

And with that we drove the fish in there;
there were so many
they made a splashing noise.

Those who had no fishtraps
made dipnets,
round dipnets with frames of willow around
    their openings, made long.

181

Aiits'a' zhyaa łuk yizhit jyaa.

K'iinji' neegwąąhtsaii gwaghaii ts'a'
    k'iidii ah chųųdlii ts'a' aii ah zhit jyaa.

Aiits'a' zhree it'ee neegiihaah'ik ts'a' zhyaa
    zhree oonjit nji' ts'a' deedoogiyii'at.
Ts'a' nji' ts'a' łuk kharilii jyaa darah'in
    khii kwaii haa tthak ts'a'
akwat ts'a'
chihvyaa chan kwaa roo.

Nats'aa gwik'iighai' chihvyaa gwiheelyaa.

Zheegwadhaa aii zhree ch'eetak nąįį
    zheegwadhaa gaa,
tr'ikhit zhree ninghuk zheegwadhaa giyaa'įį
    gwich'in ts'a' azhrąįį.
Jyaa zhree doonchy'aa ts'a' zhree chihvyaa
    gohch'it hee gwanaa ninghit kwaa zhree
    tr'il gwiheelyaa gwats'a' nąhjyaa zhree
    chihvyaa tr'iilee iltsąįį chan gwanłįį kwaa
    roo.
Jidii chihvyaa tr'iheetły'aa aii zhree
giyitł'uu ts'a' giitthal vik'eevee haat'aii
    chan giyaatł'aadhat dǫhłii ch'eetak nąįį
    zhrii kyaa dinchy'aa.
Datthak akwaa.

Akoo ts'a' t'ee
shin
khaii haa t'ee geh ghat dich'irintł'ii gwiizhik
    geetak hee chan k'oo gwat'araahchy'aa.
Jyaa doonchy'aa aaa! shitseii, neeshree-
    gwaahchy'aa.

Chihvyaa gahtsik aii haa tr'ijit oo'ok
    nihk'eegaahtii ts'a' gwintł'oo dinjii
    nihk'aahtii t'igwinyaa.
Gwat'araahchy'aa gwatsal goo'ąįį kwaa roo.
Zhyaa zhree ndaa geedaa nats'aa.

Aaa! shitseii gwintł'oo
neeshreegwaahchy'aa.

Shitseii
gwintł'oo
ch'iheet'aa gaagwiindaii kwaa.

And the fish just went right into it.

Where the fishtraps ran across there was
    a dipnet and that's where the fish went in

And whenever they saw one, they would
    untie the net and take the fish out.

And that was how people used to catch
    salmon in those days,
when
there were no fishnets.

How would we get fishnets?

And as for tents, only a few people had
    tents, and
they had those tents so long they were
    blackened (by smoke).

So that's the way it was, and finally we
    got fishnets, and not long afterward we
    even got fishwheels, not long after we
    got the first readymade fishnets.

They wove nets and
ran a line along the top edge, and wove
    from that; only some people had those.
Not all of them.

And
in summer
and winter they snared rabbits, and some-
    times in between we used fishtraps on
    the creeks.
That's the way it was,
ah, grandchild, times were hard.

They made fishnets and with them they got
    a living out in the bush; they really
    helped one another.
There was no outside source for things.
They just made do with what there was.

Oh! grandchild, it was really
hard times.

Grandchild,
really,
we didn't know airplanes would fly in.

Dinjii ilee
gwiizhik t'igwii'in t'igwinyaa.

Kwat ts'a'
yaaghat
Doctor Burke
aii
Bishop Rowe haa
aii
Zhoogwaatsan nik'ee vanandaii aii nąįį haa
    tik dinjii k'eegiiłtii
soup neegaahthal tyąhchoo zhit kwaiitee
    neegahaazhik.

Aii gwiizhik t'ee dinjii
it'ee dinjii gwintł'oo an ninjii it'ee
    gwinzįį neegwahaali' gwiizhik
ch'eet'aa zhree gwinyaa.

A rich man
was doing that, they say.

Then
that man,
Doctor Burke,
he
and Bishop Rowe
and
John Fredson, those three were taking care
    of people,
going around the village, taking soup
    around in a big pot.

During that time people
were really dying off, and when they
    began to get better,
it was said that a plane would come.

183

Łeįį nąįį iłts'ik ts'a' dats'aa ts'a' chiinjil
   t'igwinyaa.
Shant'ee zhree.

Zhyaa zhree yaak'iikyaa zhik
oodit school zhee gwiyeendak shizhee
   goo'ąįį kwat yaaghat zhat k'iikyaa
tły'ahtr'an choo neet'aa k'it zhree
   t'igwii'in.

Aaa! shitseii, yee'at Ch'oonjik hee
   neeheet'aa gwinyaa.
Launch haa yee'at theetaa haa
jyaa zhyaa digwii'in.

Gwintł'oo iłts'ik nąįį googaa t'ee oo'an
   haajil dǫhłii.

Kwat t'ee oo'at gwinzįį gwizhrii ninee-
   niit'ee ts'a' duuyee.
Gohch'it chan ndaa ts'a' oo'an
shant'ee zhree.

A lot of people who were sick went out
   with their blankets around them.
I was among them, too.

It was flying right around here,
right back of the school—
the plane looked like a big dragonfly.

Ah! grandchild, they said it was going to
   land over at the Porcupine.
With a launch and over the portage
we all went there.

Even the people who were really sick
   went over there.

How amazing that it should fly around so
   well!
So finally I went over there,
even I.

184

It'ee
zhree k'eediihilzhik.
Gwik'eerigwahahdaii.
Chan tr'agookwat.

Aaa! nitsii zhree gwintsal vanan ch'eenjik.

Daada'
shįį haa it'ee chan k'eenakhwarahahchik
    chan tr'igwiłtsąįį.

Aaa! shitseii oojit seventeen mile garahnyaa
    izhik t'ee ninikhwelchii.
Łyaa zhree nakhwaa gwinzįį.

Aaa! shitseii it'ee dinjii nąįį oo'ęę
    neeniit'ee ts'a'
jyaa darah'in ts'a' oo'ok neerahahchik
aii vizhit gidiigwarah'ee zhree.

Aii zhree heedąį'
ninghit kwaa gwanaa gwats'an
izhik zhree k'eeniit'ee, k'eeniit'ee
    t'oonchy'aa.

Ooduk deegwii'in ninghuk gwaał'in kwaa
    t'oonchy'aa.
Oonjuk gwizhrii gwirich'ii ts'a'.

Aaa! shitseii
gwik'injihshit łąą adoodishinyaa kwaa.
Shidyąąhch'i' vigwihehkwaa gwats'a'
    ninghit gwats'an
Doctor Burke yeeduk diginchy'aa gwanaa
    hee gwats'an tr'ijit iidik'ik.

It'ee izhik gwats'an tr'ijit khagidiniijii
    gwik'eegwiindaii.
Jyahts'a' gwizhrii ree.

Akwat ts'a' dinjii shits'i' kwaa ts'a'
    jyeihchy'aa.
Ishik'ik gwałtsii gwizhrii ree.

Aii t'ee dąhthee ginkhii tr'ahahtsyaa
    gwats'a' hee gwats'an iidik'ik t'oonchy'aa.

Aiits'a'
Bishop Rowe chan nakhwak'aa ginhe'
jyaa gwizhrii.

Then
he started to take us around.
We started to try it.
We also paid.

Ah! your grandfather always had a little
    money.
Nena Peterson and I arranged to take a
    ride in the plane.
Ah! grandchild, he took us up there to
    where they call it Seventeen Mile.
We really had a good time.

Ah! grandchild, then the people came back
    and went again with it,
the way they taught us to get used to it,
to be used to being in it.
Now that
was not very long ago when
planes started to fly, when it first
    flew here.

I didn't see what was going on down the
    river all the time.
We only lived upriver.

Ah! grandchild,
I don't know what I believe in myself.
Long before my old man died,
Dr. Burke preached up here and from
    that time we started praying.

From then on, we tried to pray all the time.
That's all.

Now my man is gone, so that's the way I
    am.
I pray, that's all I do.
Before he was ordained, we started to
    pray.

And then
Bishop Rowe confirmed us,
that's all.

Aiits'a' tr'al zhit gwizhrii t'ihchy'aa ts'a'
   jyaa dinchy'aa.
Kharigidiinjii łyaa ninghit dąi' gwats'an
   t'igwinyaa t'oonchy'aa.

Akwat
kharigidiinjii aii ree it'ee ree k'eegwaadhat
   gwinyaa ree adant'ee adats'a' dinjii a'ee
   k'iighai' t'igwii'in t'igwinyaa akoo ree.

Aii ree łi'haa t'inyaa aii ree tr'oohaahky'aa
   gǫǫ zhyaa
t'igwinyaa k'it t'oonchy'aa aii chihdan
   gwįįdhat gwaatsii.

Yeenaa shehnaa gwats'an hee
dinjii zhat kwaiik'it gwaa'ii gwinyaa
   tr'igwiitth'ak.
Gwichyaa Zhee gwich'in nąįį
łineegaadal dąi'
oo'at nan kak googaa ninjehkheii k'ii'an
   neegihiidal gwinyaa gwiihtth'ak
   gwizhrii ree.

Yeenaa
nan dha'ąįį tthak kwaiik'it gogwaa'ii
   gwich'in roo.

Oodit Nenana
Tanana kwaii haa tthak ts'a'
shehnaa ninghit gwats'an hee jyaa digii'in
   googahnyaa.

Łąą gwinzįį googwitr'it dihtth'ak kwaa.
Heedąi'
ninghit kwaa gwats'a' vaanoodlit town
   gwihiłtsąįį gwinyaa t'oonchy'aa.

Gehnaa dąi'
dinjii zhuu zhrii ree.
Shehnaa gwats'an hee oo'an khehtak
   niłeeneegiidal googahnyaa.
Gwinzįį gaashandaii kwaa t'iihnyaa.

Zhyaa niłeegwarachii kwaa zhyaa
dinjii
dįhch'i' zhrii ree eeriginkhii.
Ch'ihłan chan dįhch'i' tsyaa dinky'ahkhit.

And we just stayed in the bush, that's
   just the way I am.
We started to pray a long time ago.

Then
we prayed, and when we say "Lord" he
   wants us to pray, and that's what we
   did, and that's the truth, and he's the
   only one to listen to.
And if we don't do it from the heart,
   it's no good.

Even before people had villages there, we
   heard about it.
When the Fort Yukon people
used to get together,
they took turns going back and forth,
   and we heard, that's all.

Since
the earth was here, they have had settle-
   ments all around here.
Down at Nenana,
and Tanana, all of that
was before my time, that's how they
   lived a long time ago.

I don't know much about their work.
From
not very long ago white men started the
   town, I heard.

Before that
there were only Native people.
Before my time, I heard they visited
   each other.
As I said, I don't know much about it.

People never got married.
There was one
old man people told about.
Once upon a time an old man was raising
   a young man.

186

Jyahts'a' ts'ąįį ree
aiits'a'
tsyaa zµ'
yaghąįį dhidii.

Aiits'a' it'ee digii eenjit tr'injaa oohaanjik.

Yeendaa tr'ihijyaa vanh
khał tsal geelil aii łąįį googaa kwaa
    t'igwinyaa nahąą
gwinyaa.

Nich'it tsyaa nąįį gaa dagwagwach'aa
    khał tsal haa geelil.

Akwat ts'a' tr'ihijyaa
ts'a' k'iinii tr'iheedaa izhik zhee gwaghoo
    digii haa gwiltsąįį.

It'ee digii eenjit tr'injaa ooheendal ree.

Aaa! nich'it zµ' nąįį hijyaa
datthak yeendaa tr'ahaajil.
Yeenjit k'iinii zhyaa ree
ky'aat'iichy'aa zhyaa ree
dazhoo thał
vitsii vakwai'
tsii zhoo'yuu dazhoo ik t'oo choo naatsuu
    ts'a'
dazhoo dzirh vidi' neehotthak
chan zhiiljik ts'a'
dazhoo inghii k'eevee łihts'ineet'uu dazhoo
    aii vał deetły'aa a'ii yaa k'ii'ee
    dagwach'aa tłik ilil
tąįį hee
yaa'ok oozhii.

Aii t'ee yeenjit
oonjik.

This is the way it was,
and
that handsome young man
was staying with him.

So he was going to get a woman for
    his son.

The people were leaving in the morning,
pulling little sleds since they didn't have
    dogs at that time,
so they say.

Young girls and boys hauled their stuff
    with little sleds.

So they were leaving, and along the way
    he had his little round tent and his son.

Then he was going to get a wife for his son.

Ah! the good-looking girls left,
they all left.

Then along toward them came
an ugly girl,
in her fur pants
with the feet attached,
and wearing her fur parka that was very
    white and furry and
fur mittens with fringe around the top
on her hands, and
she was hauling her sled loaded with
    clothing along with a string of braided
    fur,
and she
passed by.

That's who
he got for him.

25 Another marriage story; old-time dishes and cooking

Belle begins with another traditional story, this time about how an old man got a husband for his adopted daughters by testing the carving skills of the young men. Again, not the handsome one but the hard-working one wins out. She talks about birch-bark dishes, and then describes how food was boiled in a wooden container by dropping red-hot rocks into the liquid.

It'ee eegwąhchįį ts'a'
zhyaa ree nich'it gwidzuu gąįh ree t'inlik.
Gwintł'oo diinzhit tr'ideegoołkhit.

Aiits'a' ree
yeendaa gwandaa gweedhaa t'ee akwat
  zhyaa ree zhehk'aa gwachoh geiintrat
  ree zhyaa ree
gwadhaa ree yeendee
dagwach'aa tł'ik ghaih tseeniichįį zhyaa
  vaa gwiindhaa dǫhłii.

Akwat ree
it'ee
it'ee gwitr'it t'igwigwihił'ya'.
Gohch'it ree tr'iinin gwileįį
it'ee łąą tr'iinin nąįį datthak dink'injik.
Tł'ee
it'ee ree geegwihildak dǫhłii zhik dinjii
  veegwandak ąhchii.
Aaa!
it'ee zų' nąįį hijyaa akoh yiihthan gwiizhik
  dįhch'i' gavąąh'in googaa geet'iindhan
  kwaa k'it t'inchy'aa.
Yaaghat k'iinii nik'ee ky'aat'iichy'aa
  ch'eelil, zhyaa ree ihdeetoontthaii dąį'
  shizhit gwąhtrii yahnyaa varahnyaa.

It'eełichy'aa khehkwaii nąįį shee ahaanjyaa
  yuu li' t'oihchy'aa nyaa
varahnyaa. Geeragwąhchįį
t'igwii'in roo.

[Alice asked if a preacher married them.]

Well, somebody married him off
to a poor skinny little girl.
It sure made us feel bad.

Later on
after some time passed, she set up a
  big family house;
it was warm in there
and she stayed there in her old ragged
  clothes and kept warm, I guess.

And then
then
she started working.
Finally there were many children,
then the children all grew up.

After that
he started to tell about it, this man told
  about his marriage.

Ah!
there were good-looking girls walking by,
  and I wanted one now, but my old man
  didn't agree on it.

There was a poor little girl not even fit
  to look at, and the old man stopped her
  with his cane; that really made me cry
  inside, he said.

But the fact was that she was going to
  make me a wealthy man, though I didn't
  know it then,
he said. Somebody married them,
that's what happened!

Nakwaa juu ginkhii geegwahahchyaa?

Łyaa ree akwaa
nihłeegoorahahchyaa gaagiindaii kwaa
    nats'aa.

Dinjii ch'ihłak chan nich'it neekwąįį nąįį
    dinky'ahjii. Goohan hąhchik dǫhłii.

Aii nich'it kǫ' neekwąįį nąįį yeendit idits'ii
    givilzhii ts'a' gwich'ii.

Zheh ch'akwan tsal gavaa neeha'ak.

Gohch'it
khał
gahtsii
aii k'iidak vizhin yaa'ee gahtsii aii
vałoochan gwanłįį lirh
goodeetak iłtin.

Aii, aii juu nizįį iłtsąįį ji' aii givee-
    heedyaa ghan.

Akwat tsyaa zų' nąįį nihdineedal
yaaghat shrii gwanh tsal
yeedee gwideetak iłtin aii k'it t'inch'ii dzat
    k'iizhak giidhaa zhyah'ee giyaa khin
    neech'įįltaii.

Aii khagaahtthak ts'a' it'ee giyeetsiigwa-
    haazhii ts'a'
gał ts'ik goodeetak dhitin.

Aaa! zhyaa ree yaaghuk chihdeegwagwąąh-
    trit jyaa neegiihaahkhal cheegihii'oo.

Gohch'it it'ee ky'aat'iichy'aa ghwan
aaa!

Nihdeiinzhii gwaląįį chan yeedit nich'it
    deetak chan niinzhii ts'a' yeezhee khał
    k'i' oonjik dǫhłii.

Aaa! shitseii! aii eenileegwaazhii
oonin gwiizhik yąąh'in.

Oonin yik'indąąhtii
zhyaa ree, khał ts'ik zų' hee iłtsąįį oondit.

It'ee ts'įį ganaanjik cheehidii gwiizhik
datoo yihdeiintthaii.
It'ee yeegwąhchii roo.

No, what preacher was going to marry
    them?

It wasn't like that,
people then didn't know about marriage.

One man, also, was raising two girls. I
    suppose he had married their mother.

There were two young girls, and he let
    them live opposite him.

He set up a little sod house for them.

Finally
they made
a sled,
and between them he put
those little sticks that support it,
with dirt on the wood.

And whoever cleaned them would marry
    them.

Then nice-looking boys came around,
with little knives
just like that one up there; they carried
    them in sheaths hanging around their
    necks.

And they would take it out and start
    carving
on those thin sticks there.

Ah! they would just cut on it clumsily and
    then leave it lying and go outside.

Finally here came a poor funny-looking
    person.
Oh!

He came in, poor thing, and sat down be-
    tween the girls and picked up the sled
    stick, I guess.

Ah! grandchild, he carved on it,
while the old man over there watched
    him.

Across the room, he cut on it carefully,
and made a fine thin sled stick.

Then he slowly got up, and as he went out,
he stopped him with his cane.
And then he married her!

190

Oo'an digwitłik zhrii keehozhii ts'a' it'ee
    ree
it'ee.

Jyahts'a' gwizhrii digwii'in gwinyaa
    t'oonchy'aa.

Kwat łąą yeedak gaagiindaii kwaa nats'aa.

Aaa! shitseii aii yaaghat hee gwanaa
    yaaghuk ch'aragwąh'ąįį gwinyaa hee
ninghuk kwaa roo.

Aii vijuu gwanaa hee vagoodlit t'inchy'aa.

Jidii vizhit ch'ara'aa kwaii.

Gwikįh Englis ts'an chuntyąh ch'iitsii dril
    k'ik t'ak
aii oondaa lidii tyąh
yee'at ree Englis lidii tyąą khadal'ąįį gaa
    oo'at hee dha'ąįį
aii haa zhrii ree.

Tyąh
theetryąh tyąh shriit'ąhtsii haa gwanlįį
aii haa zhrii ree.

Akwat łąą
ch'iitsiigwal
shrii kwaii haa
shrii choo zhrii ree shriit'ąhthee gwanaa
    gwats'an Englis ts'an vagoodlit gwizhrii.

Dachan haa gwitr'it t'aragwah'in aii ree
aii jidii shovel.

He went back and got his ragged clothes,
that's all.

That's the only way they used to do.

We didn't know anything about heaven.

Ah! grandchild, it was not long ago when
    they struck gold, they say,
not long at all.

Shortly after that things started happening.

There were dishes.

There were tin cups and dishes from
    Canada,
and a teakettle,
I have a Canadian teakettle but it's
    out there,
and that was all.

The kettle
is copper, a medium-sized kettle,
that also.

And also
forks
and knives,
and butcher knives from Canada have been
    around for quite a while.

We worked with wood and
some kind of shovel.

Aii k'iik'ik
jidii tsal ts'a' giyahtsik
aiits'a' khaii haa
t'igiyah'in.
Akwat jidii haa t'igiihah'yaa gǫǫ tthah
    choo zhrii gii'įį nats'aa.

Tthah tsal chan gii'įį kwaa nats'aa.

Akwat ts'a' ree
k'iik'ik
tr'ahtsii aii t'ee ree
tr'ijit vaashandaii.

Aii
shih tsal
nijin gahtsii aii k'iik'ik jyaa dąhtsii
    gahtsii nahąą.

Aii zhit hee
giyahgąįį ts'a'
k'ih haa giideekat nanch'adąąhkąį' ts'a'
    njaa gaatsii.
Jyaa digii'in.

As for the birchbark dish,
they made it rather small
and then they fixed it
with roots.
They did that with a tool; all they had
    was a big awl.

They didn't have any needles then.
And then
they made
the birchbark dish and
I know how.

And when
they made
a little food, they made the birchbark plate
    this big, you see.

And then
they dried it and
sewed it around the edge with sinew and
    made a cover for it.
That's what they did.

192

Akwat ts'a'
khaii tyąh
chan ree gahtsii k'it t'igii'in.

Gwintł'oo dzaa tr'ookit
niizhii hee
k'iik'ik haa gwintł'oo lęįį giłtsąįį
    t'iginchy'aa yee'ok.
Aii ree yi'eenin tr'ahaadlii dǫhłii.

David hagaa k'iik'ik
ahtsii roo.

Aii gwintł'oo tr'ookwat.

Shitseii gwintł'oo deenaadąį' ree
k'iik'ik tsal gaatsii dǫhłii.

Oo'ok
ch'aghat
aat'oo
nan zhit vaghat
aii khagilii aii
spoon choo gwich'in gahtsii.

Spoon giyahtsii k'it t'inchy'aa
jidii ghoo chan giyahtsii
jidii jeiinchy'aa chan gahtsii.

Aii t'ee giizhit chųų dinii chan
    t'igiyah'in dǫhłii.

Akwat ts'a' aii
deenaadąį' ree tyąh kwaa dąį' ree
kii haa ch'arahvir ree ginyaa.

Dachan choo zhit tr'gwigwiilik dǫhłii.
Traa choh
jyaa dąhtsii vizhit tr'gwigwiilik ts'a' aii
    vizhit gwintsii gogwahtsik.

Aiits'a' oo'ok kii
shriit'ąhtsii tsal aii lęįį neegahaazhik.
Aii it'ee ch'arahahvir dąį' oondaa kǫ'
    nitsii gahtsik kak
deegiyilik
aii kii.

Aiits'a' zhik
vizhit ch'arahahvir zhit chųų
dizhit ganjal.

And then
they also made
baskets out of roots in a certain way.

When I first
was walking around
they made a lot of birchbark baskets
    around here.
I think they even took them Outside.

Even David
was making birchbark baskets.

And they sold it for a good price.

Grandchild, very long ago
I guess they made birchbark dishes for
    themselves.

They dug out that
birch
stump
out in the woods
and made big spoons, I think.

They made a spoon like this,
they made it round too,
just as they make them now.

I think they used them to drink water.

And also
a long time ago when there were no pots
we boiled water with rocks, they say.

They carved out a big block of wood, I
    think.
In a block of wood
about this big, they carved out the inside
    and made it big inside.

Then outside
they got a lot of pretty small rocks.

And then when they were going to cook,
    they made a big fire and on it
they put
those rocks.

And then
they poured into the pot
the water they were going to boil.

Aii zhit
shih vir gahtsii dizhit gilik.

Dachan vizhit kheekil choo zhit.

Akwat ree yeendaa jii gwintł'oo gwaak'a'
  ts'a' jinjir ree dąąhdryą'.

Aii ree vizhit tr'ilik ts'a'
aaa! ree zhik shih neeridąąhdaa gwiizhik
  dąąhdlat.
Dąąhdlat ts'a'
łyaa vaa neeriilii kwaa
dąhthee heek'i' kwats'a'
ninghuk dąąhdlat.

Aaa! shitseii, gwinzįį vizhit nilįį
  vikichy'aa t'arahnyaa.

Yaaghat gwanaa tyąh zhit vikeegaachy'aa
  googaa
aii chų' googaa itr'igii'ee ts'a' aii kii haa
  vikeerahchy'aa chų' gwintł'oo nizįį
  ginyaa t'ee.

Gwintł'oo vizhit gwinzįį viki'ichy'aa.

Jyaa chan digwee'ya' gwinyaa.

Tyąh kwaa akwat ree.

Kii kiriilik
gwiizhik t'ee virh tr'ahtsii ts'a' t'ee
dachan tyąh choo zhit shih
dizhit rilik aii tee kii dąąhdryą' dizhit
  rahdal
chyaa ree
dąąhdlat ts'a' ninghuk t'inchy'aa.

Jyahts'a' gwizhrii ree gaashandaii.

Into it
they put the meat they were boiling.

In that big carved wooden thing.

Then the fire was really big, so the
  rocks quickly got red-hot.

Then they put them in it and
ah! they kept turning the food while it
  boiled.

When it boiled
they never left it alone
until the rocks cooled off;
it boiled a long time.

Ah! grandchild, the meat cooked well in
  it, so they say.

In later times, when they cooked in pots,
they didn't like the broth, but when they
cooked with rocks, they say the broth
was really good.

It really cooked well in it.

That's what they used to do, they say.

There were no pots.

They put rocks on the fire
while they prepared the meat and then
into the wooden pot
they put the food and then they threw
  the red-hot rocks into it
and it just
boiled for a long time.

That's all I know about what they did.

Life in the old days; brush men; the coming of religion

After talking a little about the nomadic hunting way of life, Belle mentions again how deeply people mourned deaths in the old days, compared to modern times. She tells how people reacted to the first trading posts, when goods such as tea and copper pots first arrived. She tells a story she once heard about a brush man and speculates on the nature and origin of these fearsome supernatural beings. She talks about the influence of Christian religion on her life, and mentions McDonald and the Native lay preachers who worked in her country.

Old Crow gwa'an chan neehihdik
    t'oonchy'aa.

Yeendak ts'ąįį chan neehihdik t'oonchy'aa.

Circle chan neehihdik
yeedi' Teetsii chan tik nineedhishizhii.

Yee'at Fairbanks
aii chan
jyaa dagwąąhchy'aa neegwaal'ya'
jyaa gwizhrii ree.
Fish Camp gwa'an chan
zhyaa ree naraazhrii t'eedaraa'in
    gwizhrii ree.

Izhik chan
jyaa gwizhrii.

Aiits'a' tr'iinin ihłįį dąi' yi'eenji' yee'at
    gwitł'it
k'iinji' nidhizhii gwizhrii ree.
Nihky'aa gwintł'oo neehihdik kwaa ts'a'
    jyaa dihchy'aa.

Aii chan dzan keeshi'ya' kwaa ts'a' zhyaa
    neehihdik.

Two times zhat nineedhishizhii gaa chan
k'eiich'ii eenjit gwitr'it t'agwał'in kwaa
shidyąąhch'i' zhrii ree.

Vizhit tr'iinin googaa chan tr'iinin choo
    aghwaa aii t'ee zhik vats'ooghai'
    neegwidii.

I've been around Old Crow, too.

I have been up on that side too.

I've been around around Circle, too.
I went downriver three times.

There at Fairbanks
too,
I went around there a few times,
that's all.
And around Fish Camp
we hunted and made our living, that's all.

There,
that's all.

And then, when I was a child, I went far
    up to the headwaters
of that river up that way, that's all.
I don't go to very many places, I just
    stay here.

I never hunted for muskrats there, I've
    only been there.

I've gone there two times but
I didn't do that kind of work,
only my old man did.

Even though I was pregnant, I was packing
    the other child that I had had before.

[Alice: Even so, she was working.]

Duuyee dinjii yats'a' tr'injii.
Googaa nihk'it
vit'įį tr'iinin gwintł'oo
itree googaa.

Akwat ts'a' aii
giheenjyaa neegwigwitł'uk tr'iinin nąįį
    chan neegitł'uk,
val ch'agahchaa ts'a' łąįį neekwąįį geetak
    łąįį tik.
Geetak hee łąįį ch'ihłak.
Aii t'ee ni'ęę ree
gwandaii tthak łąįį neekwąįį ee'į'.

Oo'ok ree tik gwanłįį
geetak hee chan dǫǫ.

Akwat shitseii gwintł'oo tr'injaa nąįį
    gwitr'it t'agwah'in t'igwinyaa.

Akwat yaaghat
nahan
neeghwaa gwiizhik tr'iinin it'ee diinzhit
shriit'ąhtsii googaa neeghwaa it'ee
    vigwiinjik nahąą.

Izhik gwanaa googaa jyaa digwii'in
    t'oonchy'aa.
Khik tr'iinin tr'eeghwaa gwizhrii
chy'aa
ninghuk kwaa gwats'an duuyee tr'iinin
    tr'eeghwaa gwaał'in.
Tr'iinin tr'eeghwaa dąį' chan yaaghat
    diint'įį
chan ree zhyaa vak'at ditł'eedii zhit tr'iinin
    dhidii chan ree an'a'ee chan ree inee-
    khwaa rahaachak chan ree.

Łąįį ghwaa haa ree
k'eiich'ii neegahaazhik.

Aaa! shitseii, łyaa gwinzįį gaashandaii kwaa
    roo.
Dzaa gwizhrii t'ihchy'aa ts'a' nihky'aa łąą
    neerihiidal kwaa tr'ih zhit
gwizhrii ree.
Akwat ts'a' nan kak neerihiidal kwaa ts'a'
dzaa gwa'an goo'ąįį t'oonchy'aa.
Juk doonchy'aa gwik'it.

A man wouldn't help a woman.
Even though
the child on her back
really cried a lot.

Now then,
when they were about to move they
    bundled everything and dressed the kids
and tied it all to the sled, with two dogs,
    sometimes three.
Sometimes only one dog.
My mother
had two dogs all her life.
Some people had three dogs
and some had four.
Grandchild, the women really worked hard.

Now that one,
your mother,
carried you on her back while she was
    pregnant
she even kept carrying you around and got
    hurt that way, you see.
Even at that time they were still doing that.
We always packed the kids, that's all
we used to do
but more recently, I haven't seen people
    packing kids any more.
When we packed the kids there was a thing
    on our backs
like a chair, and the kids would sit in it
    facing backwards, and in that way we
    carried them around.

They carried things
in dog packs.

Ah! grandchild, I really don't know much
    about it.
I only stayed here and never went out any-
    where except with a canoe,
that's all.

We never traveled around the country and
we just made our home here,
just as it is now.

Akwat ts'a'
it'ee tr'ahadal ts'a' it'ee oondaa nijin
   neegwiheek'al gwats'a' ree.

[Alice asked a question.]

Aaa! shitseii gwintł'oo dinjii nihłagogwąh-
   daii.
Akwat aakin gwilik it'ee deegwąhtł'oo
   dinjii giyeet'indhan dinjii aakin gwilik roo.

Akwat zhyaa
oo'at zhat gwizhrii khach'at'oo gadąąh'ai'
   datthak.
Aaa! shitseii izhik łyaa gaashandaii kwaa.

Khehłan gwizhrii geetak t'iginchy'aa
ts'a' zhik gwizhrii łiriidaa ts'a'
łąą khaii hee chan dachąąval haa zhrii roo.

Akwat ts'a'
shih gooheendal gwizhrii hee chan łąįį
   ghwaa t'agąąhchy'aa.
Zhat gwats'a' giheedaa dąį' gwizhrii chan
aii gwizhrii łąįį ghwaa.
Aii gwiizhik
geedant'ee khwaagahdaa.
Tr'iinin aghwaa googaa ehzhee chan
ch'eeghwaa roo
jyaa dii'in.
Aaa!

[Alice asked a question.]

Dinjii niłihil'ee t'igwinyaa shitseii.
Izhik dąį' zhyaa diigwiindak googaa oo'ok
   vadraii t'igwii'in kwaa googaa treediinyaa
   t'igwinyaa.
Akwat ch'ichį' naatth'ak
kwaa ts'a'
dink'iidhat t'oonchy'aa.

Gohch'it ree hee gwanaa gwats'an ree
   dinjii niłihk'ii neelee gwats'an ree zhyaa
   it'ee ree zhyaa dinjii hahłik ts'a'.

But
we would travel around until fall came.

Ah! grandchild, people used to respect
   each other a lot.
When strangers came around, they showed
   what affection they had for the people
   who came.

Then
everyone would just crowd around them.

Ah! grandchild, I really don't know about
   that.

Sometimes they stayed in one place,
and sometimes they moved from place to
   place
in the wintertime in a toboggan, that's all.

Well,
when they were going to transport some
   food is the only time they used dog packs.
Only when they were going to go to that
   place
is the only time for dog packs.
And meanwhile
they too carried packs.
She would be packing a baby, but even so,
   underneath it
she carried a pack too,
that's how they did.
Oh!

Men respected each other, grandchild.
In those days, when somebody got hurt,
   even though they had nothing to do with
   that person, people would still get to-
   gether and mourn for him.
You didn't hear
about deaths so much then
when I was growing up.

Some time ago there were two epidemics,
   and from that time on, people just started
   to die off.

Aaa! zhyaa diingwiindak gwinyaa.

Nats'ahts'a' gook'at deegwandak dhak li'
   zhyaa tthak zhyaa treegaahnyaa.

Akwat ch'ichį' ji' gwintł'oo neeshraah-
   chy'aa adagahaatsyaa.

Aiits'a' aii ginkhii nąįį ch'ichį' k'at
   tr'igwidii nitsii tr'ahtsii ree khik
   gwits'eech'ee'yaa, gwits'i'
jyaa dinchy'aa
kwaii haa
gwintł'oo gwitr'it gwaatsii kwaa ts'a'
   gwigwiłtsąįį t'iginchy'aa.

Izhik dąį' tr'agwaahk'ik ts'a' kǫ' googaa
   eeneeriidal gwinyaa.

Aii ree shandaa t'igwii'in kwaa.

Gaa ree shandaa
gwandak
gook'at deedhak hee treediinyaa roo.

Akwat juk t'igwii'in ji' nats'aa hee
   teegwiheedhat li'.

Gwintł'oo dinjii nikheetsai' t'igwinyaa.

[Alice asked a question.]

Akwat
oo'ok
naraazhrii
gwiizhik it'ee ree
deegwąhtsii
k'eech'aahkaii, izhik gwanaa chan tr'ikhit
   gwintł'oo k'eech'araahkaii t'oonchy'aa.

Akwat it'ee googwitr'it gwanlįį akwat ree
   goodinjii gihiljii dąį' ree
k'eech'araahkaii chan ch'adhaa tr'ahkii.

Aii kwaii
ts'a'
aaa! shitseii
łąįį k'eerąąhtii.

Łąįį k'eerąąhtii
akwat ts'a'
gook'iitł'it deegwąąhchy'aa deegwąhkhyuk
   gogwahahthaa gavaa gwiindaii.

Ah! people only had accidents back then,
   it seems.

Somehow they would apparently get the
   news that someone had been hurt,
   and they would just cry.

And when there was a death, they would
   make themselves suffer a lot.

But then the preachers prevented people
   from making great mourning over deaths,
   they prevented
them from doing that
and people
don't do that any more; they can't work
   very hard at grieving.

At that time, they would build a fire and
   they even went into the fire, it is said.

I never saw that.
But I did see
when bad news
came to them, how they all cried over it.

I wonder how it would be if that
   happened nowadays.

They were very possessive of each other.

Then
while
they were hunting,
while they did that,
the woman would sew a lot;
in those days people always sewed a lot.

They had a lot of work to do, and when
   their men were away
they sewed, and also tanned skins.

That too,
and also,
oh, grandchild,
we took care of the dogs.

We took care of the dogs;
and
we knew how long they were going to be
   gone.

198

Akwat ts'a' zhyaa
it'ee k'ineegiheedal ts'a' tr'iilee
givee vikehgahchy'aa it'ee ree.

Akwat ch'agaahkhwąįį ts'a' tr'injaa chan
    tr'iinin aghwaa googaa chan zhik shih
    tr'ooheendal
ch'eerinjyaa aii chan tr'injaa jyaa dii'in
    t'oonchy'aa.

Łąįį ghwaa chan t'ąąhchy'aa ts'a' tr'iinin
    aghwaa gwiizhik łąįį ghwaa zhit shih aii
haa łąįį jyaa dah'in.

Aaa! shitseii
łyaa tr'injaa vakąį' vitsi' hiljii dąį'
łyaa gwitr'it t'agwah'in.

Yik'iitł'it gwitr'it gwintsii gwahtsii.
Kheegwiilk'a' ts'a' chan
traa chan kheenjit nizįį daatsii chųų chan
    kheenjit nizįį daatsii.

Gwiizhik
k'eech'aahkaii, akwat ch'ahkhii dąį' chan
    ch'adhaa chan yik'iitł'it
shrilii, jyaa dii'in.

Łąą tr'injaa nąįį neiilii kwaa.

Aaa! shitseii
łyaa zhyaa gwinzįį geegwaldak.
Ben gwandaii dąį' tr'ikhit chan t'inyaa roo.
Shįį ree zhyaa gwinzįį geegwaldak.

[Alice asked a question.]

Izhik ree gwinzįį gaashandaii kwaa izhik
    ree gwik'it teihgihkhii gashragwąąh-
    chy'aa kwaa.

It'ee ree
dinjii ree t'adoolnąįį dąį' hee than hee
    gwats'a' hoiizhii ts'a' juk dzaa deihchy'aa
    gwik'it gwats'a' gwizhrii roo.
Łąą deegii'in gavaashandaii kwaa.

Duuyee izhik dąį' chan khaihtak ninghuk
    tr'agwahthaa kwaa t'oonchy'aa.
Khaihtak gwaatsii kwaa zhyaa naraazhrii
    gwizhrii.

And they just
were going to come back home then so
we had food ready for them.

And when they killed something, a woman,
    even though she was packing a baby,
    would go out after the meat,
that woman would go out after it, that's
    what she did.

She would use a dog pack while she was
    packing the baby and she put the meat
    in that dog pack,
that's how she used the dog.

Oh, grandchild!
when the woman's husband was gone
she really worked.

She did a lot of work in his absence.
She kept the fire burning and also
she kept up a large supply of firewood
    and water.

Meanwhile,
she sewed, and when she was tanning, in
    his absence,
she prepared the skins, that's what she did.

Women never kept still.

Ah! grandchild,
I just really tell a story right.
When Ben was living he always
    exaggerated,
but I really tell the story the way it was.

I don't know much about that; I don't
    like to talk about it when I don't know
    it well.

Well then,
when I got married I went off there alone
    just like I am now, that's how it was.
I didn't know what they were doing.

In those days people didn't spend much
    time visiting.
They didn't visit much, they just hunted,
    that's all.

Tseedhaa chan keerii'in kwaa.
Jaghaii t'ee vinkeerihee'yaa gǫǫ?
Ch'arookwat ree gaagwiindaii kwaa nats'aa.

Shandaa ree gohch'it ree
tseedhaa keerii'in gwich'in.
Gehnaa ree
chan yeenduk akoo digwii'in gaa ch'adhaa
    chan
tr'ookwat, tł'il chan tr'ookwat,
aadzii tr'ookwat
dazhoo tr'ookwat
nilįį gąįh chan
ch'aghwaa ghwai' tr'ahtsii.
Aii haa zhrii ch'ookwat zhee chan
ch'ookwat nilįį ginyaa t'inchy'aa.

Akwat aii ree
juunchy'aa
Saturday dąį'
dinjii
tthak ch'ookwat zhee gwats'a'
neegwahaa'yaa aii
nilįį gąįh khwaii kwaii haa
zhyaa giyuukwat kwaa ts'a' goots'an
    tr'ahtsii.
Izhik yuu gwintł'oo aakin ch'igwiidlįį.

Akwat zhik ch'igii dhaa kwaii ree oo'ok
    neeshraahchy'aa nąįį giyaak'ąąhtii
    gwizhrii ree.
Akwat vaanoodlit nąįį k'eiich'i' kwaii
    yi'eenii tr'igwihilii łyaa gogwantrii roo.
Nats'ahts'a' dzaa gwa'an vigwiheelyaa gǫǫ?
Khwah haa gwitr'it t'agwaa'in t'igwinyaa
    akwat.

Jyaa doonchy'aa.

Gwintł'oo gwigwiintrii.
K'eiich'ii tsal
yeenihjyaa hijyaa gwaatsii aii tr'ikhit natsal.
Akwat ts'a' dinjii yaajyaa aii kwat
ch'ihłan drin zhrii gwagwadhan akwat
    dagwąhtsii zhyaa ch'ookwat zhee geenjit
    gwee'i' nąįį t'arahnyaa.

[Alice asked a question.]

Izhik

We didn't hunt for furs, either.
What would we hunt them for anyway?
We didn't know about buying things.

Finally, during my lifetime,
we started hunting for furs, I think.
Before then
they used to do that upriver, and
someone bought the furs, and they bought
    babiche,
they bought caribou skins
and caribou skins with the hair on,
and also dried meat
and the grease they made.
Those are the things the traders
bought and then they sold it.

And then
when it was
Saturday
all
the people would
go to the store and
they would buy the meat and grease;
they would trade for it.
It was quite novel and remarkable.

And those poor people out in the woods
    would just bring caribou calf skins,
    that's all.
And it was really hard for the white men
    to bring all that stuff over here.
How could they bring a lot of things here?
They did all that work only with pack sacks.

That's how it was.
It was very hard in those times.
They brought a little,
but they could never bring very much.
They only had enough food in the store for
    one day's trading, so they say.

At that time

200

gwanaa t'ee theetryạ' tyạh tsal dzaa yeedit
    Gwichyaa Zhee chan kwaiik'it gwa-
    gwạh'e' gwinyaa nahạạ.
Aii t'ee dinehnaa hee t'igwii'in.

Akwat ts'a'
aii gwats'an theetryạ' tyạạ shriit'ạhtsii
    dinjii teegạạhchy'aa goodlit ginyaa
    t'iginchy'aa.
Aii gwiyeendaa nitsii kwaa t'agahnyaa.

Aii zhit
shih tsal gaavir.
Kwat ts'a' giichụ' zhrii dinii.
Akoo geetak hee chụụ gaahłii dọhłii,
    chụụ k'ạạ ree giinii.
Lidii kwaa nats'aa.
Zhyaa yee'ok hee chiits'it neehidik aii,
    k'it ree t'iginchy'aa roo.

Akwat ts'a'
nin tsal keegii'in gaa chan ree
geetak hee oondaa gwagwaahk'ik
joł nihky'aa jidii ch'ok tr'ahtsik aii joł oozhii
aii haa oondaa kọ' ts'a' giitich'iił'ee.
Jyaa geetak hee t'igwii'in roo.
Aii gwik'it gwizhrii.
Aii t'ee jidii shih kwan nyaa tr'ọhchy'aa
    k'it t'inchy'aa aii t'agah'in.
Akoo tr'ohvir k'it t'inchy'aa aii chan gahvir
    ts'a' giichụ' giyaadinii.

Googaa gwandaa gwinzịị dinjii gwandaii.

Shitseii akwat zhyaa k'eiich'ii tthak tr'aa-
    jyaa nats'aa tr'iits'aa
dinjii tthak ach'agwadhan k'it shaa
    t'oonchy'aa.

they had copper pots downriver at Ft.
    Yukon where they had a settlement,
    you see.
It was way before we had a store.

And then
from that time on, there came the medium-
    sized copper pots that everyone had.

They weren't very big, they say.

In that
they boiled a little meat
and then they drank the broth.
Maybe sometimes they were thirsty for
    water, then they drank plain water.
There was no tea.
Just something that's out in the woods,
    something like that.

And then
they hunted small animals but
sometimes they cooked them over the fire;
they made a stick pointed on the ends,
    which they called *joł*,
and with that they roasted things over the
    fire.
Sometimes we did that.
Just like that.
And whatever food they had to live on they
    just cooked in those ways.
And what they could boil they boiled,
    and drank the broth.
Even so, people lived really well in those
    days.
Grandchild, now we just eat all kinds of
    stuff,
and people just die off, that's the way it
    seems to me.

*[Alice asked if she knew anything about
    the brush man.]*

201

Izhik ree gaashandaii kwaa.

Juk tth'aii hee naa'in gwanlįį gwinyaa roo.

Yeedee Arctic Village gwa'an ree
akwat googaa ree gaashandaii kwaa roo.

Deenaadąi'
datsan gwanlįį
dinjii teech'idlį'.

Aiits'a'
yeenaa tr'injaa
kheedaachik ts'a' tr'al ahak.
Geetak hee dinjii kheedaachik
aii chan tr'al ahak.
Aii an gwii'įį
gwaatsii
aii nąįį nan zhit
t'iginchy'aa, juk tth'aii gwaatth'aa ji' gaa
    gaagwiindaii kwaa t'oonchy'aa.

It'ee łyaa
dlįh,
dinjii teech'idlį'
ts'a' ch'ihłak kheedaachik aii zhyaa akwat
    anadąhndak ts'a' nan zhit an gwahtsii
    izhik t'ee.

Akwat tr'injaa
ch'ihłak chan ree
jyaa diizhik łii chan ree kheedaachii chan
    ree varagwąh'aii gwinyaa t'oonchy'aa.

Yeedit Venetie
izhik gehdee.

K'ǫǫ łangoo'ee gwa'an hee.

Dinjii yak'at deedhizhii k'iighai' yigwąh'ąįį
    gwinyaa t'oonchy'aa.

Aiits'a' dinjii t'inyaa łii ree gwinyaa.

Dinjii k'eegwiichy'aa gwatsal gaa khee-
    daachii aii zhyaa than adanąhndak aii
    eegiginkhii t'iginyaa.

[Alice asked if she ever saw one.]

Łąą ree nakwaa,
nats'aa gwik'iighai' naa'in haał'yaa.

I don't know about that.

They say today there's still some brush
    men!

Up there around Arctic Village;
but I really don't know about it.

In the old days
there was famine
and people would freeze to death.

Well then,
long ago a woman
would survive and go into the brush.
Sometimes a man would survive
and he too would go into the brush.
They had dens
that they made for themselves
and those people
lived in the ground; maybe it's still that
    way today, but we don't know about it.

And really,
death,
people would freeze to death;
but one man would take off and make
    himself a hole in the ground and stay
    in it.

Or one
woman perhaps
would do that, I guess; she took off and
    then somebody would find her, so it's
    said.

There at Venetie,
above there.

There are a lot of creeks around there.

A man came upon her there and found
    her, so they say.

And so the man told about it, they say.

And so those people that almost died but
    survived and lived alone by themselves,
    are the ones they talk about.

No, indeed,
how would I ever see a brush man!

Gwinyaa gwizhrii tr'igwiitth'ak.

We just hear about it, that's all.

Bella ree naa'in nạh'yạ'
aii ree vakwaa.
Francis vitr'injaa.

Bella saw a brush man,
but she died.
Francis's wife.

Shitseii aii t'ee yeenjit Kheetsik gwigwich'ii
    chy'aa gwinịhjyaa
ts'ạịị nagaazhrii dọhłii.

Grandchild, they were living up at Kheetsik
    and were coming down
and hunting too, maybe.

Aiits'a' giihaa dọhłii
gwiindhaa ts'a' nihky'aa zheegwadhaa
    t'inchy'aa dọhłii.

And then I guess they were camping,
and as it was warm, they had the tent
    flap open.

Aiits'a' ree
yeedit k'ii'ee tạịh tr'uu niin'ee dọhłii.

And then
there was this brushy hill with a bare top.

Akwat ts'a'
tr'ineedhat dọhłii.

And right then
she woke up, I guess.

Aiits'a' ree
oonin tạịh kak gwạạh'in ts'a' t'inchy'aa
akwat ree izhik k'iinin gwạạh'in dọhłii.

And then
she saw something opposite her on the
    exposed gravel hill,
she saw something right over there opposite
    her.

203

Zhik k'iinaa zhyaa ree dinjii tr'iinzhii.

Ah
aiits'a' ree zhat k'aii tsal gwanandaa'ee
    aii tthat naa'ąį' tąįh tr'uu kak zhyaa
    ree naadii.

And there was a man, coming toward her!
Ah,
and there where little willows grew,
    right there he passed and sat down on
    the gravel hill.

Gwiizhik t'ee Francis dak ahnyaa łii.

Akwat ts'a'
zhyaa ree nigiyul'in dǫhłii.
Ninehjin ts'a' ree ndak ts'a' k'eegwaanąįį
yahnyaa
shaagwaandak.

Jyaa gwizhrii ree.

Łyaa t'igwinyaa gwich'in shitseii
oo'ok ch'eekwaii nąįį t'agahnyaa
ch'eekwaii nąįį yee'at ddhah tee
k'ii'an t'eedaroo'ya' ilii ehjyaa nahgǫǫ
    ginyaa izhik t'eedagaa'in aii t'ahnyaa
    dǫhłii.

Akwat t'ee naa'in nah'yą' gwinzįį shaa-
    gwaandak vaagwandak.

Meanwhile, she woke Francis up.
And then
they both waited for him, I guess.
He stood up and then he disappeared again,
she said about him,
as she told me.

That's all.

I think it's true, grandchild,
and they're talking about Eskimos out there
for there are Eskimos up that way among
    the mountains;
but it's said to be a good place to hunt,
    and it's not very far to where they live,
    so perhaps it's them they're talking about.

So that is the story she told me about the
    brush man—you tell him good.

Ginkhii kwaa izhik
dinjii gwik'injijii naii
łyaa ninghit dąi'
hee gwats'at ginkhii goodlit gwinyaa googaa
łi'haa
dinjii
ginjii eedagoodąąhtan haa gwitr'it
   gwintsii deegwiiltsąįį gwiizhik t'ee
   gwi'ik gwiizhi' t'oonchy'aa.

Aii dęhtły'aa chan gwanlįį kwaa roo.

Ginkhii dyąąhch'i'
aii dęhtły'aa aghan ts'a'
jeiinchy'aa geeshinyaahchii gwinyaa,
   k'iighai' gwee'an dęhtły'aa gwanlįį
   gwinyaa t'oonchy'aa.

Ndaa ts'a' chan
dęhtły'aa neeheekwaa hagaa gwinyaa
   t'oonchy'aa.

Shitseii
dinjii łyaa
gwintł'oo gǫǫltin.

Khik zhyaa ree tr'igijiinjii gwizhrii ree.

Drin zhit hee chan neekwąįį
datthak gwideetik chan.

Aaa! shitseii, heedąi' ninghit kwaa gwanaa
shigii t'ee ch'anjaa ilįį gwiizhik it'ee
   ch'ijuk
nagwaatth'at
ts'a' ndaa łigweedhaa ts'a' nji' nji'
   gwatth'aa k'it t'oonchy'aa juk.

Gwik'it chan łąą ch'ichį' chan t'ii'in.

Ndaa ts'a' zhyaa diintehraahk'ee
k'it t'igwihee'yaa.

Kwat ts'a'
chan
niłarahaak'ee ts'a'
gwinzįį gwintł'eegwada'aii gwahtsii k'it
   t'iihęę'yaa gwinyaa t'oonchy'aa.

Aii gwik'it juk gweedhaa.

There was no priest there,
but there were religious people
long ago;
since then the priests came, they say, but
really
people
studied the word and they worked very
   hard on it and by and by they began
to understand it.

There were not even any books at that time.

The Old Man preacher
made those books and
they say he made books until he was very
   old, and that's why there are books
   around here.

And later on
they say there won't be any more of those
   books.

Grandchild,
people were really
taught a lot.

We always pray, that's all.

Twice on Sunday, and every day in
   between too.

Ah, grandchild, a few years back
when my son was getting older, then
   everything
changed
and it keeps getting worse and worse; it's
   like that now.

The deaths are like that, too.

Maybe later on people will just kill us
   off with guns,
it'll be like that.

And then
too
people will shoot each other and
think they're doing a really good thing; they
   say it'll be that way.

That's the way it is today.

Łyaa dinjii gwik'injighit niighit dąi'
    gwats'an hee
K'eegwaadhat gwinyaa gwik'it
gaandaii nąįį
gwanłįį t'oonchy'aa.

[Alice asked if she could read Dagǫǫ.]

Akwaa
ninghit dąi' gwats'an hee
nitsii vakwaa gwats'a' ninghit kwaa oodit
    tr'iginkhii zhee
David
ginkhii tr'ihiłtsąįį oonduk outside hee
    neerahahchik
aii vik'iitł'uu tr'iginkhii gwałtsii.

Nitsii shits'i' vakwaa gwats'an.

Akwat dzaa gwizhit chan datthak shee
    nihdeegiidal Bible eegavaałtan.

Akhai'
shaagweech'in kwaa goodlit.

Shaagweech'in kwaa ts'a'
zhyaa ree jyaa dihchy'aa shiłtsąįį ts'a'
    jyaa dihchy'aa.

Kwat łąą noł'ya' ts'a' t'oonchy'aa kwaa.

Aii khaii McDonald nał'yą' t'arahnyaa.

Jyaa dinchy'aa dzaa dagwat deetak
    nashahthat gaa dzaa viki' ehdak tr'i-
    kyaał'ee roo.

Kwaa roo.

Aii gwiizhik nał'yą' t'ee.

Chy'aa
nishinshihiłchįį gwiizhik at'oohju' hee
    vakwaa.

Yeenihjyaa ts'ąįį vitr'injaa k'iinii needyaa
    łii ree.
Nał'yą' roo.
Łi'haa
ginkhii dyąąhch'i'
gwitr'it gwiłtsąįį.

But some people still believe as they did
    a long time ago,
like the Lord, it is said;
there are people living
in that way.

No;
a long time ago
just before your grandfather died, up there
    in the church
David
was going to become a preacher and they
    took him Outside
and while he was gone I substituted for
    the preacher.
That was after your grandfather died.
Everyone came into my house and I
    taught them the Bible.

And then
I lost my eyesight.
I lost my eyesight and
it made me like this, as I am now.

There's no way I can see it now.
That winter I saw McDonald.
He let me stand between his knees, and
    when he was sitting, I was taller than
    his head.
No, indeed.
That's when I saw him.
And long ago,
when I was getting older, that's when he
    died.
Over on the other side, when his wife
    was coming back,
I saw her.
Really,
the preacher Old Man
worked hard.

Yaa nitsii viti' chan
yeenjit Teetł'it
yeenjit
Eagle
Teetsii gwidi' haa tthak geech'oołtin
  t'arahnyaa.

Yaa nitsii viti'
aii gwik'it aii ginkhii dyąąhch'i'
aii haa.

Aii shitsii ginkhii aii yeenji' ts'ąįį hee
gwiginkhii nilįį.

Jyaa gwizhrii ree.

Now your grandfather's father also,
up at Teetł'it,
upriver
at Eagle
and downriver at Teetsii, he taught at
  all those places.

That's your grandfather's father;
he was like that with the preacher Old Man
with him.

And my grandfather was a preacher up-
  river;
he was their preacher there.

And that's all.

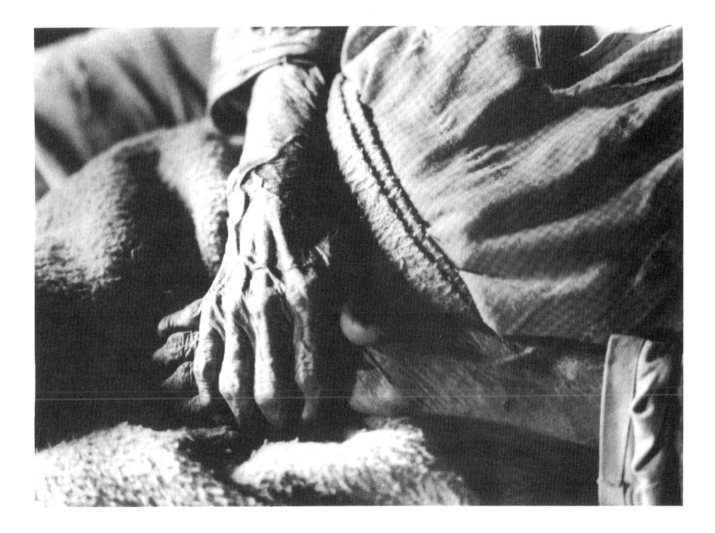